当后人来写我们这个时代在物理学中取得的进步历史时，必然会把我们关于原子性质的知识所取得的一个最重要的进展同尼尔斯·玻尔的名字联系在一起。

——爱因斯坦

作为一位科学思想家，玻尔所以有那么惊人的吸引力，在于他具有大胆和谨慎这两种品质难得的融合，很少有谁对隐秘的事物具有这样一种直觉的理解力，同时又兼有这样强有力的批判能力。

——爱因斯坦

爱因斯坦、玻尔和卢瑟福，在上帝给我们派来的物理学家中间占有头等的位置。

——荷兰著名科学家艾伦菲斯特

KEXUE JUREN DE GUSHI

BOER

KEXUE JUREN DE GUSHI

BOER

玻尔是丹麦著名的物理学家、“哥本哈根学派”的领袖，也是历史上最具影响力的原子物理学家。他提出的玻尔原子模型、互补原理以及量子理论，至今影响着人类对世界和宇宙的看法。他被后世公认为“20 世纪贡献仅次于爱因斯坦的物理学家”。在玻尔的原子模型中，肯定了卢瑟福原子模型的有核结构，但电子却全然受到量子规律的支配。这个新概念，完全突破了经典物理学理论的窠臼，为全世界打开了一扇新物理学的大门。因为对原子结构和原子辐射研究的贡献，玻尔荣获了 1922 年的诺贝尔物理学奖。

中国科普创作大奖得主松鹰倾情奉献

科学巨人的故事

KEXUE JUREN DE GUSHI BOER

玻尔

松 鹰 著

山西出版传媒集团·希望出版社

进入原子领地，你只能使用诗的语言。

——玻　尔

应当具有激情，但是也应当具有驾驭激情的本领。

——玻　尔

我由衷地想到强调科学的国际性，而诺贝尔的伟大基金正是建立在这一点上的。这对我来说是很明显的，因为我曾经有幸对物理学作出的微末贡献，就是把我们不同民族对探索自然的贡献结合在一起之故，而那些民族的成就是建立在非常不同的科学传统之上的。

——玻　尔

KeXue JuRen De GuShi BoRe

前　言

影响世界历史的人

刘兴诗

希望出版社隆重推出的《科学巨人的故事》，是松鹰撰写的十位科学家的传记。

哥白尼、伽利略、达尔文、牛顿、富兰克林、爱因斯坦、法拉第、卢瑟福、玻尔、费米……这些名字，每一个都是一部传奇，每一个都是科学史上的一座丰碑。他们不愧是影响世界历史进程的人。

这套《科学巨人的故事》出自同一位作者之手，风格统一，装帧精美，内容深入浅出，引人入胜。实属科学家传记文学中不可多得的精品。

郁达夫曾评价美国著名作家房龙说："房龙的笔，有一种魔力，但这也不是他的特创，这不过是将文学家的手法，拿来用以讲述科学而已。"

读松鹰这套《科学巨人的故事》，感觉作者的笔具有同样一种魔力。作者毕业于哈尔滨军事工程学院，是国家一级作家，既谙熟科学，又有深厚的文学素养，写科学巨人的生平故事，娓娓道来，妙趣横生，令人不忍释卷，读罢又耐人寻味。

科学家留给我们的遗产是什么？

不消说，是有用的科学知识。

人类的开化，历史的进步，正是一代代科学家，用精湛的科学知识"砖块"，垒砌而成的"摩天大厦"。

科学家留给我们最宝贵的财富是什么？

那就不仅仅是具体的科学知识，还有科学家自身的人格魅力。道理非常简单，一个个具体的知识“砖块”，只不过是作为建筑材料的“砖块”而已，并没有直接延伸的幅度。可是科学家作为建筑者，那就完全不同了，还有很多很多延伸扩展的领域。

让我们这样说吧。科学家贡献出的知识，那就是一块砖。不管多么伟大的科学家，生命总是有限的。不管是哥白尼、伽利略、牛顿，还是爱因斯坦，一生几十年也只能垒砌几块砖、几十块砖，最多一大堆砖而已。可是他们留下的生命经历和科学精神，却永远传诵在人间，写成传记故事世代流传，这才能鼓舞后来者继续奋进，构筑更加宏伟的科学宫殿。从这个意义来说，科学家传记文学不亚于科学本身，道理就非常清楚了。

松鹰这套《科学巨人的故事》就是这样的。它着眼的是阐述科学家孜孜不倦的探索精神，为社会服务、造福民众的思想境界，淡泊名利的高尚情操，以及坚持真理、不迷信权威的信念等等。

科学的道路并不平坦，需要踏踏实实一步一个脚印地攀登。从这个角度讲，我们学习科学家就不仅仅是一些具体的科学知识，更重要的是他们孜孜不倦的研究精神，不求名利的淡泊人生态度。牛顿是这样，法拉第、富兰克林、卢瑟福、玻尔、费米，以及许许多多科学家的人生轨迹，都留下了远比知识本身更加宝贵的精神财富。

松鹰这套《科学巨人的故事》就是这样的作品，我愿意在此向青少年读者们郑重推荐。

2012年3月18日于成都理工大学

目录

KEXUE JUREN DE GUSHI

MULU

■ KEXUE JUREN DE GUSHI

1927年10月,在比利时首都布鲁塞尔举行了第五届索尔维会议,来自世界各国的29位顶级物理学家出席了会议。所有参加过创立老量子论和新量子力学的物理学家,都云集于此,包括三位主要的开创者普朗克、爱因斯坦和玻尔。与会者还包括洛仑兹、居里夫人和郎之万等,所以这是一次名副其实的世界物理学界的群英会,又是一场新老量子理论较量的群雄大会。

一个清冷的清晨,在从宾馆到会场的路上,人们看见爱因斯坦和玻尔一边快步走着,一边争论着。在他们的身后,跟着两个年轻人,一个是泡利,一个是海森堡。

爱因斯坦带着挑战的神气告诉玻尔,他想出一个理想的实验设计,可以证明"测不准原理"不能用。于是玻尔和爱因斯坦热烈地讨论起来。

对决的结果,是玻尔稳操胜券。玻尔和他的学生海森堡、泡利琢磨了一上午,终于破解了爱因斯坦设计的圈套。到吃晚饭时,玻尔在饭桌上指出了爱因斯坦假想实验的破绽。

第二天,爱因斯坦又设计了一个实验,想推翻量子理论,但在当晚的餐桌上同样被玻尔破解了。

爱因斯坦耸耸肩,做了个表示遗憾的滑稽姿势,然后大声嘟哝道:"上帝不会掷骰子!"

玻尔回答说:"但是,我们不能告诉上帝该做什么!"

在这场关于量子理论的世纪大论战中,玻尔为什么会大获全胜?

他是怎样成为20世纪贡献仅次于爱因斯坦的物理学家的?

本传记讲的就是玻尔的故事……

KEXUE JUREN DE GUSHI

教授的儿子

童话王国

tonghuawangguo

丹麦是个美丽的童话王国。这里是安徒生的故乡，也是尼尔斯·玻尔诞生的地方。

丹麦是北欧一个精致的袖珍王国，面积4.3万平方千米，据说全国任何地方距海边都不到52千米。“丹麦”的国名，意为多沙滩的地方或“丹人居住的地方”，现有人口545万。丹麦的北边与挪威、瑞典隔海相望，南边与德国接壤。丹麦由日德兰半岛和西兰岛、菲英岛等400多个岛屿组成。境内地势平缓，风景绮丽，到处是茂密的森林和肥沃的农田。西兰岛上还有许多古堡、宫殿，点缀着绿茵草地、漂亮的花圃、幢幢白墙红瓦的房舍，宛如一个美丽的童话世界。

丹麦虽然是个小国，但有着悠久的文化传统。了解一下这些传统的渊源，你就会知道为什么在这个仅有4万多平方千米的土地上，会诞生像尼尔斯·玻尔这样可以与爱因斯坦比肩的大物理学家。

正如玻尔喜欢引用的安徒生诗句所言：

吾生于丹麦，吾家即在此；
此处有吾根，吾之世界由此始。

这的确是个不同凡响的国度。迄今为止，已有13位丹麦人获得诺贝尔奖，其中3人获物理学奖，5人获生物及医学奖，1人获化学奖，1人获和平奖，3人获得文学奖。此外，举世闻名的澳大利亚悉尼歌剧院，也是由丹麦建筑设计师乌特松设计的。

第　谷

丹麦历史上曾经诞生过三位世界级的名人，为全人类所景仰。一位是天文学家第谷，一位是童话作家安徒生，另一位是电学大师奥斯特。这三位大师，代表了丹麦科学和文学两个方面的悠久传统。

安徒生

第谷是天文学史上一位传奇人物。他于1546年生于丹麦一个贵族之家，14岁到哥本哈根大学学习法律，后转而热爱天文学，终生不渝。1576年在丹麦国王腓特烈二世的资助下，第谷在丹麦海峡的汶岛上建造了一座宏伟的天文台，设有四个观象台、一个图书馆、一个实验室，是世界上最早的大型天文台。第谷在这座名为乌伦堡的天文台工作了21年，获得大量极为珍贵的行星运行观测资料，被誉为“星学之王”。当时望远镜还没有发明出来，第谷利用四分仪、象限仪和旋转浑天仪等器械进行观测，几乎达到肉眼的极限。第谷晚年的助手、德国年轻的天文学家开普勒继承了这笔宝贵的科学遗产，后来创立了行星运动三定律。第谷因此被后世尊为近代天文学的鼻祖。

奥斯特

安徒生是世界上最伟大的童话作家，一生创作了200余篇脍炙人口的童话，其作品被译成100多种语言，受到全世界读者的欢迎。在他的童话中，渗透着对人间的爱和关怀、对人世间不平的抨击，以及对美好事物的憧憬和追求。安徒生的童话不仅小孩子喜欢，对成人也有隽永的魅力。他的童话精品，如《丑小鸭》、《海的女儿》、《卖火柴的小女孩》、《皇帝的新装》、《拇指姑娘》、《打火匣》等，享誉全球。安徒生的名字在中国几乎是家喻户晓。安徒生 1805 年出生在丹麦中部小城欧登塞一个穷鞋匠家庭，小时候当过学徒工。受父亲和民间口头文学影响，他自幼酷爱文学，14 岁时只身到哥本哈根闯荡，一边谋生，一边寻求创作的机会。23 岁时安徒生进入哥本哈根大学学习，毕业后主要靠稿费维持生活。经过不懈努力和一生的磨砺，安徒生最后成为世界“童话之王”。

在哥本哈根港口海滩的一块大石头上，坐落着一尊美丽的小美人鱼铜像，无论春夏秋冬，都含情脉脉地凝视着大海。她就是丹麦雕塑家埃里克森于 1912 年根据《海的女儿》的女主角雕塑的。100 年来，小美人鱼铜像就像伦敦的大本钟、巴黎的艾菲尔铁塔一样，是童话王国丹麦的标志。

奥斯特于 1777 年生于丹麦日德兰半岛的灵克宾城，父亲是一个药剂师。受父亲的影响，奥斯特从小对药物学、化学实验和物理学感兴趣，17 岁时考入哥本哈根大学，攻读医学、哲学和自然科学，毕业后应聘为哥本哈根大学的物理学教授，是丹麦著名的物理学家和化学家。

1820 年奥斯特在一次讲座的实验演示中，把通电的导线放在磁针上方，结果意外发现磁针发生了偏转！这个发现在电学史上非常著名，它使人类第一次知道了电流和磁的关系，成为近代电磁学的突破口。如今普遍使用的电话、电视、通信等现代科技成果，都是以电流的磁效应作为基础的。

小美人鱼铜像

丹麦还有一样东西很有名，那就是嘉士伯啤酒。许多爱喝啤酒的人都知道德国的啤酒世界闻名，但不晓得

风靡全球的嘉士伯啤酒

嘉士伯徽章

丹麦的啤酒丝毫不比德国啤酒逊色,甚至比德国的还要好。行销世界140多个国家的嘉士伯啤酒,就产自丹麦。嘉士伯啤酒素以“质地透明,口味纯正”而著称,1992年在美国举行的国际啤酒评选中,曾一举夺得“世界最佳啤酒”的桂冠。位于哥本哈根城郊的嘉士伯啤酒厂创办于1847年,创始人是丹麦化学家雅可布森,他以儿子的名字卡尔为啤酒命名为“嘉士伯”。特别值得一提的是,“嘉士伯”不仅与丹麦的文化和科学有着很深的渊源,与尼尔斯·玻尔也有着不解之缘。玻尔从哥本哈根大学毕业后,迈出关键的一步——赴英国留学,就多亏了嘉士伯基金会提供的奖学金。

和谐之家

hexiezhijia

1885年10月7日,尼尔斯·玻尔出生在哥本哈根临河街14号阿德勒大厦。这座房子是尼尔斯的外公大卫·阿德勒1874年买的,属于新古典主义建筑风格,造型很漂亮。大卫·阿德勒是个富有的银行家、丹麦犹太人,在尼尔斯出生七年前病故,所以尼尔斯·玻尔继承有一半的犹太血统。

尼尔斯的父亲克瑞斯蒂安·玻尔，是哥本哈根大学的教授、一位非常出色的生物学家。他曾经发现血管氧交换过程，在呼吸生理学方面也颇有建树，因此几次被提名诺贝尔医学奖。由于克瑞斯蒂安·玻尔在学术上勇于探索，富有独创性，受到同行们的尊敬和钦佩。他为人谦虚友善，慷慨大度，很有人缘，学生们都爱听他的课。在家里，他则是全家人的灵魂。

尼尔斯的母亲爱伦·阿德勒是一个有教养的犹太女性，气质高雅，性情温和。每位到玻尔家里来做客的人，都对她留下美好和给人亲和的印象。尼尔斯童年时的朋友、后来成为哥本哈根大学外科教授的欧利·契维兹这样评价她："……可爱的个性把它温暖的光辉投向一切，因为这是她本性的精华所在。它是如此伟大，足以使我不能设想第一次见到她的人可能会认为这是装出来的；人们只要见到她几次就能发现，在爱伦·阿德勒周围一切事情都是真诚、可敬和坚定的。这是一位毫不自私、举世无双的人……"

尼尔斯是爱伦·阿德勒的第二个孩子，他有一个大他两岁的姐姐茵尼。在

哥本哈根临河街14号阿德勒大厦（中间深色柱状建筑）

尼尔斯出生后不久,全家搬到父亲工作的外科学院公家宿舍。外科学院大楼位于哥本哈根的宽街62号,前面围着铁栏杆。学院的主要任务是为丹麦培养外科医生,克瑞斯蒂安·玻尔负责教授生理学。一年之后,家里诞生了第三个孩子,这就是尼尔斯的弟弟哈若德。自从哈若德来到人间,尼尔斯和这个小兄弟就成了亲密无间的伙伴。

玻尔的父亲和母亲,小孩为姐姐茵尼。

尼尔斯的童年是在幸福和快乐中度过的。他有一个和谐美满的家庭,家境富裕,充满温暖和亲情,父母亲为孩子们提供了一个宽松自由的环境。宽街的住房明亮雅致,舒适的家具、丰富的藏书,营造出一种富有文化的氛围。家里常有知识阶层的客人来拜访,大家在客厅里喝茶、聊天、讨论。尼尔斯和哈若德允许在一边旁听,小哥俩在潜移默化中增长了不少见识。

当时经常在家里聚会的学者有四位,一位是哲学家赫弗丁,一位是语言学家威廉·汤姆森,还有一位物理学家克瑞斯蒂安森,再一位就是东道主、尼尔斯的父亲生物学家克瑞斯蒂安·玻尔。由于这四人的外文名称都是以“ph”打头,因此他们又自称为“四个ph”。他们都是丹麦科学院的院士,起初是定期在咖啡馆碰面,后来大家觉得轮流到各人家里聚会更愉快。这样几个专业截然不同的人经常聚在一起商讨问题,常会迸射出思想的火花。他们的讨论充满智慧和激情,每个人都从不同的学科出发,广征博引,发表自己独到的见解。可以想见,每当“四个ph”在客厅里天南海北、侃侃而谈时,尼尔斯两兄弟不知不觉中享受到了一次知识和精神的盛宴。

尼尔斯·玻尔长大成人后曾经回忆说:“我生长在一个有浓厚精神情趣的家庭里,在这个家庭里经常展开科学方面的讨论。对我父亲来说,在他个人的科学工作和他对人生所有问题的浓厚兴趣之间,大概没有严格的区别。”

尼尔斯的父亲克瑞斯蒂安有两个兴趣,从小就对尼尔斯产生了很大影响。父亲的第一个兴趣就是哲学,他喜欢研读德国大文豪歌德的作品,不仅是歌德的诗,还有他的哲学思想。在玻尔家的客厅里,歌德常常是大家谈论的话题。尼尔斯在耳濡目染中,受到潜移默化的影响,对歌德的作品也很热爱,尼尔斯能背不少歌德的长诗,并在许多场合引用。当然,他也喜欢安徒生的作品。

克瑞斯蒂安的第二个兴趣,是喜欢体育运动,他是外科学院足球俱乐部的核心人物。在父亲的带动下,尼尔斯和弟弟哈若德从小就喜欢运动,滑雪、步行远足、踢球,样样都玩。两兄弟的足球踢得很棒,哈若德后来还有幸成为丹麦国家足球队的主力队员,在 1908 年伦敦奥运会上为丹麦夺得银牌立下汗马功劳。

尼尔斯的幼年充满童话色彩,母亲常常给孩子们朗诵诗歌,讲述冰岛传奇。有一个玻尔家亲人回忆的经典场景,可以说明孩提时期的尼尔斯是个好奇、专注的孩子。据尼尔斯的姨妈汉娜·阿德勒说,有一次她和尼尔斯的母亲带着两兄弟在哥本哈根坐电车。在电车上,妈妈给两个孩子讲故事,尼尔斯和哈若德听得入了神,怔怔地望着她的嘴唇。或许两个孩子聚精会神的小脸蛋上有种怪怪的表情,汉娜听见电车上一个妇女对她的邻座说:“可怜的妈妈!”

其实,尼尔斯在全神贯注的时候,脸上总是浮现出沉思冥想的表情,有时甚至像发呆一样,那是一种心驰神往、灵魂出壳的状况。在尼尔斯长大以后也是这样。据尼尔斯·玻尔后来的一个同事说,和玻尔讨论问题时,常常会发现“有时他坐在那儿,简直像个呆子一样。他的面孔变得毫无表情,四肢无力地下垂着,而且你会觉得这个人看不见东西了。你会想他一定是个白痴,他身上绝对没有任何生气”。但是,然后“突然之间,你会看到他心中升起一道光辉,迸出

一个火花，于是他就说：‘现在我知道了。’”那位同事感叹道：“那就是聚精会神的时刻。我确信，当年牛顿也是这样的。”

父亲的厚望

fuqindehouwang

小时候，尼尔斯全家常到外婆在哥本哈根北边的诺汝慕园度假，那是孩子们最快乐的时候。这座乡村别墅位于哥本哈根以北10英里处，距海峡不远。在诺汝慕园里，外婆是一家的最高权威。老人家对外孙和外孙女们呵护有加，整座庄园成了孩子们的天堂。吃饭时，外婆坐在长餐桌一端的首位，孩子们紧挨着她，父母辈则坐在远一点的另一端。

有一次吃甜点，尼尔斯用小勺在碟子里的果酱上堆起一座小糖山，一边晃着脑袋，一边得意地欣赏自己的杰作。父亲在餐桌的另一头盯着他，最终不得不干涉道：“注意礼貌，尼尔斯！”

但是外婆却发话了：“好啦！也许他需要那个。”

有外婆的袒护，尼尔斯舀起一勺果酱送进嘴里，然后冲着大家调皮地一笑。餐桌上顿时掀起一阵开心的嬉笑声。

在诺汝慕园，还有汉娜姨妈，也非常疼爱孩子们。汉娜姨妈是尼尔斯母亲的姐姐，常常带孩子们步行或骑着自行车穿过田野、树林，一路上给他们讲些乡村趣事和大自然的知识。汉娜是一位教育家，在哥本哈根的黑池湖畔创办了一所以她的名字命名的学校。在这所学校里，女生可以和男生一起进行体育活动，这在当时的丹麦还是首创。每到星期天，汉娜姨妈常带尼尔斯和哈若德进城，去哥本哈根的博物馆或者画廊参观。

所有这一切，让孩子们热爱自然和人文科学的天性得到自由发展。

1891年10月1日，6岁的尼尔斯进入旧港拉丁文及实用学校读书。这是一所全日制学校，班级从小学一直到中学都有。旧港学校的地点在陶耳德保街10号，从宽街步行10分钟就到。

尼尔斯小学时期的生活没有留下多少记录，但有一件事是颇有代表性的。在尼尔斯还小的时候，父亲就发现他有科学的天赋，特别是对体积之类的小问题回答很敏捷，而且还爱向人解说一番。父亲常常摸着他的脑袋说："小家伙将来一定会有出息！"

"你这个当爹的就这么肯定？"母亲爱伦笑道，有些半信半疑。

"大伙儿会听他的！"教授明澈的蓝眼睛透着光彩说，"大伙儿会来找尼尔斯听他讲的。"

说这话，也许是父亲从儿子的身上看到一种领头人的潜质，也许纯粹想给小家伙一个鼓励。

"我小时候也有这股劲。"克瑞斯蒂安接着说起了自己，他在9岁时就迷上了自然科学。

停顿了片刻后，他笑了笑说："不过，我是银子，但尼尔斯是金子！"

父亲的这句不经意的话，给了尼尔斯·玻尔一生的激励。正如他后来回忆的："父亲对我寄予了厚望。"

尼尔斯在童年时就喜欢动手实践，他在学校里参加了木工班活动，对木工活挺熟练的。有一次，他做了一个精巧的小木偶戏台，准备带回家送给弟弟哈若德，但被老师发现收缴了。回到家里，父亲见他表情沮丧，笑着问："咱们的尼尔斯是不是受谁欺负了？"尼尔斯说起小木偶戏台的事。

"我是想送给哈若德的。"他满腹的委屈。

"哈哈，你再做一个不就行啦！"父亲大笑。

第二天，父亲就给尼尔斯买了一套木工工具。尼尔斯高兴极了，只用了一晚上的工夫，就给哈若德做好了一台新的木偶戏台。稍后，父亲见他对金工感兴趣，又给他添了一台小车床。兄弟俩经常在家里地下室的"小车间"忙活，锻

炼了动手实践的能力。对机械装配一类,也在尼尔斯的兴趣范围之内。

有一年夏天,全家在诺汝慕园度假。有一天,有个骑自行车的客人来拜访,结果在路上车子坏了,客人有点狼狈地推着车子来到庄园。尼尔斯当时不到12岁,待客人到客厅里坐下喝茶时,他竟然把这辆自行车的零件拆下修了起来。哈若德则在旁边给他当助手。

“天啦!你俩搞什么名堂哟?”

母亲看见摊得满地的链条、脚踏和螺钉,大为惊讶,再看看两兄弟沾满油污的大花脸,又忍俊不禁。

“干脆把自行车送到铺子里去修算啦。”汉娜姨妈也着急了。

闻声出来的父亲看到这个戏剧性场面,只说了句:“别管那小家伙,他知道该怎么干。”

三个小时后,自行车居然修好了。

这件事说明玻尔小时候不仅敢作敢为,动手能力强,也说明父亲对他的期望和信赖。

全优生

quanyousheng

读中学时,尼尔斯的形象开始引人注目。他留着平头,个子挺拔,四肢粗壮,长得像小棕熊一样结实,因此他在班上荣获了一个“胖子”的绰号。其实,他并不比别的男孩胖,只不过下巴长得有点长而厚而已。他的长相算不上帅,甚至有点憨头憨脑的,但一对明亮的蓝眼睛却很有灵气,常常透出一种“远眺”的神情。

不过,老师们并没有发现他有什么特别的天赋。

在班主任眼里,尼尔斯是一个粗野、好冲动的学生。在同别班学生的斗殴中，他从不吝惜自己的体力，甚至脸上挂彩、鼻青脸肿也不后悔，于是在他的绰号“胖子”后面，又增添了几个英名：“力气大的孩子”、“凶猛的孩子”、“从不退缩的孩子”。

在同班伙伴的眼里，尼尔斯则是一个勇敢的斗士、一个临危不惧的指挥员。他乐观、自信，因此朋友也多。他的个性和举动常常会给全班打上烙印，甚

旧港中学全班照（1901 年），前排左三为尼尔斯。

至在高年级和低年级的班里，他也可以找到知己和追随者。

有一张尼尔斯读中学时的照片，20 位同学和 5 位老师在教室门前合影，尼尔斯坐在前排，左起第三人，领口打着领结。照片中所有的人表情都很严肃，或者是一本正经地瞅着镜头，唯独尼尔斯一个人笑容可掬，完全是个阳光少年，当时他 16 岁。

尼尔斯中学时的学习成绩，在班上名列前茅。他的数学和物理成绩最好，

对历史、自然地理也有浓厚的兴趣,特别是对自然科学方面的问题,他表现出一种洞察问题的敏锐“直觉”。

有一次,尼尔斯告诉一个同班同学说,物理书上有道题目的答案“完全是胡扯”。

那个同学听他这么一说,吓了一跳。

“是真的吗?”

“千真万确。”

“那如果期末考试出这道题,你咋办呢?”那个同学问他。

“我当然要说明这纯粹是梦话,这个物理现象必须用另外一种完全不同的方法解释……”尼尔斯答道。

那个同学听得目瞪口呆。不过,幸好后来期末考试出的题中没有那道“胡扯”题,尼尔斯物理课得的分数是“优”。

中学时代的尼尔斯还有一个与众不同之处,就是他脑瓜子灵,思考问题速度很快。在同学们的记忆里,尼尔斯常常是一个念头接着一个念头,如天马行空,稍纵即逝。那种风驰电掣般的思维,不仅别人难以追踪,甚至连他自己有时也应接不暇。尼尔斯有一次在课堂上答题,一边向讲台下的同学们演示解题过程,一边用粉笔在黑板上涂鸦。也许是因为思想跑得太快,他感觉用海绵刷跟不上,于是突然间抬起手臂,既用手又用胳膊来擦黑板,以便腾出地方写新想法。

这个惊人之举,引起全班的哄堂大笑。结果,尼尔斯的全身沾满了粉末,黑板也被擦得很花,但是他的思路却清晰地展示在黑板上。笑过之后,同学们定睛一瞧,又不得不佩服他的机智和敏捷。

这个精彩镜头定格下来,后来竟成为他保留一生的习惯。当玻尔成为教授和著名物理学家后,在他讲课或与同仁讨论问题时,常常会重演当年中学的一幕。这件玻尔的趣闻,后来成为原子物理学界的一个美谈。

像所有的少年一样，中学时代的尼尔斯也有自己的美中不足。

同窗好友评价，“他绝对不是一个唱歌的料”，如果不是嗓子有点左，就是嗓音不够嘹亮。但音乐老师对他的印象还可以，说尼尔斯的节拍感强。尼尔斯在跳舞方面也是弱项，他不喜欢出风头，在女生面前显得腼腆、羞涩。

此外，他的字写得不怎么好，拼音常出点小错，当然最大的不足，是他的笔头和口才一样笨拙。尼尔斯的丹麦文作文之糟糕在全校是有名的，老师对他的评语为“从未掌握好写文章要合乎一定格式的这个基本要求”。尼尔斯曾写了一篇题为《环绕港口的一次散步》的作文：“我的弟弟和我去作一次环绕港口的散步。在那里，我们看见了船舶的装货和卸货。”全篇竟然就这么一句话！在任何人眼里这都不能算做一篇作文，但尼尔斯却认为他写得非常精练。还有一篇题为《自然力在日常生活中的利用》的作文，尼尔斯的答卷为：“我们家中不使用自然力。”

玻尔后来在回忆他小时候写作文的情景时说：“我对所学的大多数学科都有一般的兴趣，但我厌恶两门学科，其中之一是丹麦文的自由写作。”在以后的章节中会看到，正是这种偏科的“厌恶”，让玻尔在撰写学术论文时吃尽了苦头。

不过，背诵诗歌却是尼尔斯的长项，他可以背诵挪威剧作家易卜生的长诗《患难兄弟》，背诵时他那种如痴如醉的表情和低回抑扬的语调，令全班同学难忘。

1903年，18岁的尼尔斯以全优成绩从旧港学校毕业，升入哥本哈根大学。

这一年，美国人莱特兄弟进行了人类第一次载人飞行；剑桥大学的汤姆逊教授出版了《气体导电》新著；法国人贝克勒尔和居里夫妇因放射性研究成果，共同获得当年的诺贝尔物理学奖；瑞士伯尼尔专利局的三级技术员爱因斯坦，写了一篇不太著名的统计物理学论文。

KEXUE JUREN DE GUSHI

机 遇

国家队守门员

guojiaduishoumenyuan

哥本哈根大学创建于1479年，比哥伦布发现美洲大陆还早13年，是北欧历史最悠久的大学。它最早是一所天主教神学院，以培养传教士为目的，学生不到50名。专业设置有神学、法学、医学和哲学。1517年马丁·路德新教改革之后，哥本哈根大学从天主教大学转为丹麦路德新教大学，主要功能还是培育神职人员。直到17世纪，德国的大学模式引入丹麦，哥本哈根大学的教育体制才产生了重大变革，渐渐设立了学士、硕士、博士等学位课程和相关的考试制度，学院渐具规模。

哥本哈根大学的主体校园位于哥本哈根古城内。1801年丹麦和英国交战时，英国舰队炮轰哥本哈根城，大学的大部分古建筑毁于一旦。现在的教学主楼是1836年重建的，新楼落成时一并扩建了包括图书馆、动物学博物馆、地质学博物馆、植物园和温室等附属机构。之后，哥本哈根大学进行了一系列的院系调整。1850年，数学和自然科学专业从哲学院中分离出来，单独成为一个独立的学院。出任该院首任物理学教授席位的，就是著名的物理学家奥斯特。有资料显示，早在30多年前奥斯特就提议过作这样的改革。六大学院之一的技术学院也诞生于这一时期，目标是在科学的基础上培养工程师。奥斯特担任技术学院院长多年，贡献卓著。正是从奥斯特开始，丹麦的物理学从其他科目的附庸变成了独立的研究领域。

哥本哈根大学为丹麦培养了大量人文和自然科学人才。不少丹麦的文化俊杰，包括前面提到的丹麦三位世界名人第谷、奥斯特和安徒生，都是哥本哈根大学的毕业生。尤其是物理学大师奥斯特，和哥本哈根大学的渊源更深。

1903年秋季，尼尔斯·玻尔背着书包迈进哥本哈根大学赭灰色的校门。按照当时丹麦教育部的规定，从中学升大学不需要特别的“高考”，中学毕了业就可免试升入大学。

尼尔斯·玻尔(右)和弟弟哈若德·玻尔

玻尔进入哥本哈根大学学习时，哥本哈根大学有1500名学生，在当时已算是很大的规模。他主修的是物理学，选了天文学、数学和化学作副修课。第二年，弟弟哈若德也进入哥本哈根大学，攻读数学专业。有一张两兄弟当年穿大学生制服的合影，除了尼尔斯个头稍高一点外，两个人简直像一个模子刻出来的。长脸、深眼窝、大鼻子，连站立的姿势都是对称的，难怪常常有人把他俩搞混，有一回连丹麦国王都看走了眼。那是在一次节日的庆典上，国王接见玻尔时脱口说道：“上次曾看见你把球踢进法国队的大门。”憨直的玻尔立即更正说：“陛下，您说的是我弟弟哈若德。”

玻尔的物理课老师，居然是家里的常客、那位物理“ph”——克瑞斯蒂安森教授。师生俩在课堂上又多了一份情谊。

克瑞斯蒂安森是丹麦资深的一流物理学家，在光的色散、热传导、空气动力学等领域作过开创性研究，他还是第一个注意到黑体辐射的学者。他编写的理论物理学讲义，也有很高的水准，深受学生欢迎，曾被翻译成德文、英文和俄文。在这位名师的教导下，玻尔受益匪浅。玻尔后来曾在回忆录中说：“我很幸运地受到了克瑞斯蒂安森教授的指导，他是一位非常有创见和天分甚高的物理学家。"玻尔早年在理论物理学方面的基本训练,应该说,大多受惠于克瑞斯蒂安森教授。

有意思的是,给玻尔上大一哲学课的老师,恰好是另外一个哲学"ph"——赫弗丁教授。他是当时丹麦最著名的哲学家,不仅学问深厚,而且为人豁达,思想开放,他讲哲学课时听众常常爆满,坐得水泄不通。按玻尔的说法,"他把我们引入了既很遥远又很亲近的哲学之美……"

赫弗丁教授很赏识青年玻尔的聪明和才气,完全把他当作朋友看待。有一天,他送给玻尔一本自己的逻辑学新著,玻尔打开扉页,看见上面写着:"请惠予指教",不禁有受宠若惊之感。读完这本著作,玻尔给教授写了一封信,讲述自己的心得,还提了点建议。几天后,赫弗丁教授给他回了信,郑重地感谢玻尔的"友好合作"。

不久,哥本哈根大学的年轻学子成立了一个学术俱乐部,名为"黄道社",发起人就是赫弗丁教授的几个弟子。这名字乍听有点像宗教社团,其实与宗教毫无关系。所谓"黄道"只是一个天文学上的名称,指太阳在天球上运行的轨道。在黄道带上有12个星座,由于俱乐部成员的名额也是以12人为限,所以他们取了"黄道社"之名。每个成员代表一个星座,而尼尔斯和哈若德两兄弟则是其中最活跃的"双子星座"。有趣的是,这个俱乐部还有两个成员也是两兄弟,他们一个叫尼尔斯·诺伦德,另一个叫保罗·诺伦德。他们有一个漂亮的妹妹,后来成了尼尔斯·玻尔的女朋友。

黄道社的"星座"们,每周在一个名叫泡尔塔的咖啡馆聚会两次,讨论各种哲学和自然科学问题。这个咖啡馆灯光柔和,环境幽雅。他们喝着黑咖啡,侃侃论道。每当讨论开始时,通常由他们中间的一位作这次演讲的开场白。开场白之后,大家都抢着发言。

据说讨论常常被玻尔两兄弟打断,尼尔斯和哈若德两人一唱一和,配合默契,几乎是天衣无缝。一位黄道社成员多年后回忆说:"他俩的思想方法似乎是

协调过的，一个人修正另一个人的讲话或表达自己的意见，或者同时以情绪舒畅的方式用他选择好的词句进行热烈辩护，不同的想法用不同的语调，听起来有声有色；对原先的想法不抱成见，因而整个讨论进行得很自然。两人的思想方法一致在这对兄弟之间是如此根深蒂固，所以没有任何人能插得进去。”

据派斯在《尼尔斯·玻尔传》中的走访资料，这个俱乐部的 12 位成员，后来都成为丹麦社会上有影响的人物，其中包括著名的哲学教授、杰出的经济学家、国家博物馆馆长、丹麦驻外大使、现代心理学奠基人、测量学院院长、国家美术馆馆长等，尼尔斯·玻尔则成为丹麦科学院院士、享誉世界的大物理学家，而哈若德·玻尔成为哥本哈根数学研究所所长、丹麦的足球英雄。

在哥本哈根大学，玻尔两兄弟的足球功夫得到了充分的发挥。起初，他俩在“哥本哈根足球俱乐部”主队里踢，后来成为另一个专业足球俱乐部的主力队员。由于球艺高超，哈若德和尼尔斯还曾被选入丹麦国家足球队，两人都是球队里的活跃分子，不过哈若德更技高一筹。作为一个杀伤力极强的中锋，若哈德的作风强悍，动作敏捷，在场上一边带球冲锋，一边呐喊，常使对手闻风丧胆，是每场比赛中不可缺少的灵魂人物。

在 1908 年伦敦举行的奥运会上，哈若德在足球赛中大显身手，屡建奇功。在半决赛中丹麦队以 17 比 1 的大比分淘汰了法国队，决赛时以 0 比 2 不敌英国，最后赢得亚军。哈若德因为此战成为闻名丹麦的人物，作为球星的知名度远比哥哥尼尔斯高。有一件趣事，也表明了这点。有一次，哈若德陪母亲搭乘电车上街，车到市中心前面一站时，哈若德提前下了车。售票员没有看到他和母亲说“再见”，于是走近爱伦·阿德勒面前说：“太太，实在不好意思打扰您，但是我很愿意让您知道，刚才太太是坐在一位伟大的足球健将身边的。”

尼尔斯块头大些，担纲守门员。他以临危不惧而著称，哪怕是被罚 12 码点球，他也能气定神闲、若无其事地面对，搞得对方中锋反而沉不住气，一脚踢出个高射炮，从而化险为夷。

据说有一场重大比赛，尼尔斯在场上临时“走火入魔”，差点丢了城池，竟让满场近万名观众冲着他大声喝彩。那是丹麦队对德国队的一场赛事。比赛中丹麦队显然占了上风，大部分时间球都在对方半场转，但在突然间，球被德国队的后卫一脚踢飞起来，在高空划了个漂亮的抛物线，越过大半个球场，落在距丹麦队大门前仅几码处，直向门内冲去。当观众的视线跟踪着足球落在大门前时，大家惊呆了：守门员正呆呆地望着门柱出神，根本不知道祸从天降。

在这千钧一发之时，看台上有个观众大喊了一声：“丹麦队守门员，危险！”

尼尔斯守门员这才如梦初醒，回过神来，一个箭步扑过去把球抱住了，化险为夷。全场观众都为他的神速反应欢呼起来。

事后，尼尔斯不好意思地向队长道歉，说他当时走神了。至于走神的原因，据尼尔斯的一位朋友后来披露，是他忽然想起了一道数学题，由于这道题太有吸引力了，于是尼尔斯用粉笔在门柱上做起了演算。

金质奖章和博士答辩

jinzhijiangzhangheboshidabian

玻尔读大二时，父亲克瑞斯蒂安·玻尔从外科学院转到哥本哈根大学做教授，讲授生理学课。父子同在一所大学，更增加了克瑞斯蒂安对儿子言传身教的机会。

玻尔常到父亲的生物学实验室观摩，有时还协助父亲做实验。当时哥本哈根大学没有专门的物理实验室，生物系的实验室名义上是生物学实验室，实际上克瑞斯蒂安·玻尔在这里做了很多物理学实验。玻尔在父亲的实验室里学到不少实验技巧，他做实验很专心。这时的玻尔似乎更热衷于实验物理学，他喜欢摆弄器械，动手能力强。少年时为客人修理自行车的举动，就是一个例子。

1905 年 2 月，丹麦皇家科学院公布了一项为期两年的研究课题，向社会征集有奖论文,研究课题是:用射流振动来测定液体表面张力的研究。这个题目出自英国科学家瑞利勋爵,他提出问题后,还一直没有人试验过。

瑞利原名斯特拉特,封爵后改姓为瑞利。这位英国杰出的实验物理学家,在声学、热辐射、光学理论等诸多方面卓有贡献,37岁时接替麦克斯韦担任卡文迪许实验室第二任教授。五年后他辞去了卡文迪许教授,回到家乡特尔林私人实验室潜心搞研究,他的学生、28岁的汤姆逊成了他的接班人。瑞利的实验技术非常高超,尤其擅长使用简单的仪器获得有价值的实验结果。因为精确测量大气密度和发现氩气,瑞利于1904年获得诺贝尔物理学奖,举世瞩目。这大约也是丹麦科学院选择瑞利课题作有奖征文的原因。

在父亲的鼓励下,玻尔决定应征科学院的课题。

用瑞利的理论分析各种液体的射流振动,是一个纯实验问题,而且对实验的精细程度要求很高。玻尔凭借着训练有素的实验技能,加上有父亲生物学实验室做后盾的有利条件,以极大的兴趣投入到瑞利课题的研究中。

实验的进展比较缓慢,不过玻尔并不着急,反正科学院公布的期限是两年。玻尔老是有一些新的想法,实验方法经常变换,其结果也不断调整,这也是进度缓慢的一个原因。

交稿期限快要到了,玻尔还在实验室里捣鼓。

“你的论文准备得怎么样了?”父亲问他。

“快了。”他闷着头说。

过了一个星期,还不见动静。

“怎么还没看见你动笔呢?”父亲又问他。

“我想再改进一下实验结果……”

克瑞斯蒂安觉得不能再拖延了,于是给玻尔下了死命令,规定他必须在两周内结束全部实验。然后,玻尔教授把儿子赶到哥本哈根城北的乡村别墅诺汝慕园,让他集中精力撰写论文。

论文正好在期满的那天完成，长达114页，题目为《为了测定水的表面张力而对液体的振动进行的研究》。交卷时署了三个符号“$\beta\gamma\delta$”，代表作者。按照科学院的规定，为了评审时的公平，应征论文不得署作者的真名。

值得一提的是，这篇论文是哈若德帮着手抄的。这位足球健将多半也跟着到了诺汝慕园，给哥哥当义务速记员兼秘书。

这是玻尔的第一篇科学论文。他在论文中不仅详细报告了测定水表面张力的各种实验方法及结果分析，并对瑞利的理论作了“极好的”(评委会的评语)引申。

经过丹麦皇家科学院评委会的评审，玻尔的论文最后获得金质奖章。宣布获奖的时间是1907年2月23日，这一天成了玻尔全家的喜庆日。

一年后，玻尔将修改后的获奖论文寄给伦敦英国皇家学会，被刊载在翌年的伦敦皇家学会《哲学学报》上。据说一位权威人士看了这篇论文后，断定它出自一位教授之手，而且是瑞利勋爵的朋友。当知情人告诉他论文作者是哥本哈根大学的一名学生时，那位先生大为诧异。

玻尔的这篇论文还有一个特别的意义，因为论文涉及液体表面张力问题，与他后来的一项量子理论创新有着不可分割的联系。20多年后，玻尔用液滴模拟成功地解释了原子核的基本特性，就源自他对液体研究领域的熟悉。这是其他物理学家所不具备的。

不久，玻尔进行了硕士论文答辩，导师克瑞斯蒂安森教授给他指定的题目为：“试论电子理论在解释金属的物理性质方面的应用。”

这篇论文玻尔准备了六个星期，答辩通过得很顺利。玻尔于1909年12月2日获得硕士学位。由于自己写字潦草，这篇论文稿是由玻尔口授，母亲帮着记录手抄的，原件现藏于哥本哈根玻尔文献馆。

紧接着，玻尔再接再厉，开始准备博士论文答辩。

在这之前，弟弟哈若德捷足先登，已提前通过了数学博士论文答辩。哈若

德虽然比玻尔晚一年读大学，但他聪敏过人，成绩出众，宛若足球场上的风驰电掣，他一连跳了两级，一下子就升到哥哥前面去了。

哥本哈根大学的博士答辩，仪式很隆重，答辩人要穿正规的礼服。哈若德论文答辩那天，场面更加精彩，答辩室里挤满了听众，与其说大家对答辩人的数学才能感兴趣，不如说是为心仪的球星来捧场的。丹麦国家足球队的队员们，一个不落地前来助威。一家报纸的现场报道说：答辩室里有许多足球运动员旁听，而“著名的足球健将”哈若德·玻尔，已经成为“在数学天空升起的一颗彗星”。

玻尔的博士论文答辩在大约一年以后。他为此做了充分的准备，光论文稿就改了十几次，这种对自己的文章反复拆卸，不断删改的习惯，成了玻尔后来终身的工作模式。这当然和他“丹麦文的自由写作”功夫不够有关。

1911 年 1 月，玻尔的论文正式完成，题目为《金属电子理论的研究》，是在他的硕士论文基础上扩充而成的，文中使用了大量的数学运算。电子理论是由荷兰物理学家洛仑兹、德国人德鲁德、英国剑桥大学的汤姆逊等人发展起来的。物理学家们试图用电子理论解释金属的各种性质，诸如电导率、热导率、电磁现象和热电现象等。玻尔在撰写论文过程中，阅读了大量有关著作，收获很大，同时他也发现了汤姆逊著作中存在着计算上的不足。

2 月 3 日，就在玻尔论文完成后不几天，父亲克瑞斯蒂安突然病故，全家人都浸沉在悲痛中。头一天傍晚，玻尔的女朋友玛格丽特·诺伦德来玻尔家吃晚饭时，克瑞斯蒂安还好好的，在席间谈笑风生。晚饭后，克瑞斯蒂安去实验室加班，很晚才回来。到家时已是凌晨，当时他感觉胸部疼痛，几分钟后就倒地身亡。从发病症状看像是急性心肌梗死，当时他还不到 56 岁，正当盛年。几天后，克瑞斯蒂安的骨灰安葬在哥本哈根阿希斯腾公墓。

玻尔失去的不仅是慈爱的父亲，也是一位良师益友。他在心里默祷，用这篇倾注了心血的论文来纪念父亲。

玻尔在博士论文的扉页上题词道——

“谨怀深切感恩之情，以此文纪念先父。”

5月13日，玻尔在哥本哈根大学接受了博士答辩。第三号小礼堂挤得满满的，连走廊上都站满了人。学生和教师们对尼尔斯·玻尔的兴趣，更多的是他的物理学才华，而不是足球场上的守门员风采。

玻尔身着高领礼服，系黑领结，面色微白地站在大讲台后面。在整个答辩过程中，他说的话不多，因为所有的观点和理念都写在论文中了。

答辩开始，照例由答辩人作简短致辞，这一次致辞的稿子是由玛格丽特帮着抄写的。玻尔低头念道：“尊敬的和博学的教授们和博士们、女士们、先生们，我今天要答辩的博士论文题目是《金属电子理论的研究》，请允许我在这里对论文的内容简要说明如下……”

致辞完毕，而后克瑞斯蒂安森教授对玻尔的论文赞扬备至，他说自从奥斯特和荷兰的洛仑兹之后，丹麦还没有人研究过金属电子理论这一课题。令人高兴的是，如今由他的学生玻尔的论文填补了这一空白。

在答辩现场，几乎没有人能向玻尔提问，也没有谁提反对意见。克瑞斯蒂安森教授环顾四周，最后干脆说，也许在丹麦还没有人对这个课题有足够的知识，所以无法对论文作出评价。于是，玻尔的博士论文答辩轻松地获得通过。

在答辩的第二天，当地的报纸报道说：“昨天，已故玻尔教授的另一个儿子，对他的博士论文《金属电子理论的研究》进行了答辩。这个26岁的理学硕士尼尔斯·玻尔，只用了一个半小时就作为一位哲学博士离开了大学。”这篇报道还提到：“玻尔博士是一位脸色苍白、谦虚和蔼的青年，答辩时间之短是创纪录的。”

梦断剑桥

mengduanjianqiao

玻尔的博士论文是用丹麦文写的，能读到的人有限，所以他很希望把论文译成英文或德文，在国外发表，以引起学术界的重视。父亲生前也很支持他的这个想法。

对年轻的玻尔最有吸引力的地方，是英国的剑桥大学。那里是近代物理学的中心，主持卡文迪许实验室的是汤姆逊——著名的电子之父。汤姆逊是卡文迪许实验室第三任教授，1884 年他接替瑞利这个职位时只有 28 岁。他是 1906 年诺贝尔物理学奖获得者、电子的发现者。

玻尔决定到剑桥大学读博士后，在汤姆逊的帮助下继续研究金属电子理论。他幸运地申请到去英国留学一年的生活费，这笔经费是由嘉士伯基金会资助的。玻尔的申请书很简短，只有三言两语：

哥本哈根，1911 年 6 月 20 日

下列签名人谨申请出国生活费 2500 克朗，以便去国外留学一年。

敬　礼

哲学博士尼尔斯·玻尔

谨致嘉士伯基金会

然而，就是这笔国外留学的资助成为玻尔一生的转折点。

1911年9月,玻尔从西兰岛登上了横渡大贝尔特海峡的轮船。这是他赴英国的第一站,在船过海峡时,玻尔急不可待地写信告诉玛格丽特:“我正在离开,带着我的无知和鲁莽的勇气。”

玛格丽特这时已和玻尔订婚。她是一个漂亮端庄的姑娘,长得小巧玲珑,父亲是一个药剂师,两个哥哥都是“黄道社”成员,一个学历史专业,一个攻读数学,和玻尔两兄弟是密友。

走进剑桥大学校园，玻尔抑制不住内心的激动。他走在细石铺成的宽路上,环顾三一学院古老巍峨的建筑,心中升起一种近乎神圣的感觉。这里曾是科学巨人牛顿学习和工作的地方!这里有举世闻名的卡文迪许实验室,它的主持者——从麦克斯韦到瑞利,再到汤姆逊,都是大师级的物理学家！这里不仅是科学大师的摇篮,也是学识的国都、精神生活的天堂……

玻尔到了剑桥的当天,就去拜见慕名已久的汤姆逊。

他走进卡文迪许实验楼的橡木门时,兴奋得心脏怦怦地跳,马上就要见到自己心中最崇拜的物理学家了,玻尔几乎是三步并做两步登上楼梯的。

汤姆逊正在办公室里伏案写东西，戴着一副细框眼镜,留着仁丹胡,面孔略显清瘦。他从写字台后面抬起头,打量着这个从丹麦来的年轻人。

汤姆逊教授

玻尔礼貌地通报了自己的名字。

“欢迎你来卡文迪许。”汤姆逊脸上露出和善的笑容。

玻尔急切地讲起自己来投师的目的，由于他的英语有点蹩脚，说得结结巴巴的，完全不得要领，但他仍然讲得滔滔不绝。汤姆逊的案头堆着许多亟待处理的材料，但他还是耐着性子听着，从他的表情看不出多少反应。如果玻尔机敏一点，此刻马上停止饶舌，第一次会晤也许会出现转机，成为师生俩沟通的起点。

但是玻尔的确是相当“鲁莽”，或者说有点“愣头青”，他并没有意识到会见一开始自己就陷于尴尬境地。为了引起汤姆逊的重视，他随即拿出自己的博士论文英译稿，递到写字台前。

“这是我通过博士答辩的论文《金属电子理论的研究》，希望先生给予指导。”

“噢，这个题目我也许会感兴趣。”汤姆逊瞥了一眼论文的封面，“星期天你可以来三一学院用午餐，咱们谈谈论文。”

如果这时玻尔告退，也许事情还不会像后来那样糟，但这位丹麦愣头青实在憨直得可爱，他接着又说了一通论文里自己对辐射、金属磁性等概念的想法，包括与前辈物理学家们相左的意见。这些前辈大师里面，自然也包括汤姆逊教授。玻尔也不避讳，直言道：“我拜读过先生的著作《气体导电》，其中有几处计算和实际结果不符。”

按玻尔的想法，汤姆逊听说自己的计算存在漏洞，一定会急于想知道错在哪里，或者会对他刮目相看。可是，汤姆逊的反应很平淡，甚至没有问一下是什么结论。玻尔就没再继续谈下去。

告辞时，他没有忘记拜托汤姆逊说：

“我很希望，这篇博士论文能够在英国皇家学会会刊上发表。”

导师客气地收下了论文，把它放在案头的一大沓资料上面。

汤姆逊对这次会见的印象没有文字记录，这次会见给玻尔留下的，却是激动、乐观和莫大的希望。

但是事情的进展，并不像玻尔感觉的那样，或许是他的判断出了点问题。总之，博士论文交给汤姆逊后，迟迟没有下文。

玻尔开始反省自己，他在给玛格丽特的信中提到这件事时说："我不知道他对我不同意他的想法会怎么想。"他继续写道："我渴望听到汤姆逊会说些什么，因为他是一个伟大的人物。我希望他对我的蠢话不会生气。"

也许汤姆逊对玻尔的"蠢话"当真生了气，也许汤姆逊根本没有介意，一个月过去了，大师还没有看玻尔的博士论文。

有一种说法是汤姆逊的工作太忙了，没有时间看玻尔的博士论文。这也有可能，因为汤姆逊主持整个卡文迪许实验室的工作，他自己手头还有课题要做，而且汤姆逊为人做事，作风严谨，难免很辛苦。现存的汤姆逊照片，几乎每一张眉宇间都带有疲惫之色，看上去甚至有点阴沉。

更有可能的原因是，玻尔的博士论文并没有引起汤姆逊的关注，或者是被汤姆逊疏忽了。不过，问题的症结在玻尔这边，事实上，玻尔和汤姆逊的第一次会晤并不投机。一个刚从北欧来剑桥进修的年轻人，地皮还没踩热，第一次拜见导师就指出对方的著作有错，无论是勇敢也好，鲁莽也好，但至少缺乏起码的礼貌，再加上玻尔生硬的英语，也影响了双方的沟通。

如果要用一句话来概括，那就是玻尔和汤姆逊没有缘分。

在等待和期盼中，又一个月过去了，玻尔的博士论文仍然如泥牛入海，毫无消息。玻尔很沮丧，感到身处剑桥的孤独感。

在给弟弟哈若德的信中，玻尔写道："星期天我参加三一学院的聚餐……我坐在那里，好多个星期天没有人同我谈话，但后来他们就了解到我也并不想同他们谈话，正如他们不想同我谈话一样……"

不过，剑桥的其他地方仍然是接纳玻尔的。

玻尔听了有关电磁理论几个课题的讲课，讲课人是两位电学家。另外，还在实验室做了一些实验。汤姆逊给他安排了一个课题，内容涉及阴极射线的研究。汤姆逊一生最伟大的成就，就是 14 年前通过对阴极射线的研究，测定出电子的荷质比，从而发现了电子。玻尔对这个课题兴趣不是很大，不过他还是很投入，用他自己的话说，“最后做下来没有得到什么结果”。

对卡文迪许实验室的规矩，玻尔也没有完全适应。根据汤姆逊的言传身教，卡文迪许多年来形成了一个传统，实验室里因陋就简，许多仪器都是实验者自己动手制作，包括绕制线圈、吹制玻璃容器等等。这难不倒玻尔，吹制玻璃管他在中学时就很拿手。在卡文迪许实验室他吹了不少阴极射线管，同时也创造了打碎玻璃管的纪录。前面忘记提了，玻尔在大学里就以打破实验玻璃器皿创纪录而闻名，据他的化学老师说，每个学期统计下来玻尔损坏玻璃器皿的账单都是全班第一。有一次，实验室里传来轰的一声爆炸声，连校长室都给震动了，秘书朝外看也没看就安慰慌乱的校长说：“不要紧，肯定又是那个叫玻尔的学生给弄的。”

另外还有一个问题，是玻尔的英文程度太差，和大家沟通有困难。正如一位朋友后来描述的：“一个可怜的外国人，在实验室里甚至不知道他找不到的那些东西的名称，处境是很糟的。”

彷徨中的玻尔

玻尔只好带着英文字典到实验室，随时按图索骥。为了提高英语水平，他有意识地开始读一些英国小说，狄更斯的《匹克威克外传》成了他的首选。玻尔一边从字典上查单词，一边读小说，读完《匹克威克外传》，接着再啃《大卫·科波菲尔》，英语果然小有长进。

闲暇之余，玻尔加入了剑桥大学的足球俱乐部。他在绿茵场上叱咤风云，重新找回了自信心，还结识了一些剑桥的新朋友。这年圣诞节,哈若德到剑桥来探望玻尔,特地带来母亲送给玻尔的滑冰鞋。兄弟俩在异国他乡度过了愉快的两周。

玻尔真的有点想家了,但学业无成,他在剑桥只能加倍努力,耐心等候。

对于汤姆逊,他始终怀着期望和崇敬之情,尽管汤姆逊一直没有时间读他的博士论文,玻尔却从没有流露出怨言。

后来,汤姆逊想起那篇博士论文,把它推荐给了《哲学杂志》。杂志的编辑读后认为论文太长了,发表有困难,要求作者至少砍掉一半。平心而论,编辑的意见不是没有道理。玻尔的硕士论文已经够长了,但他的博士论文比硕士论文还要长三倍,而且英译的水平不高。

但玻尔不同意把论文压缩一半,他觉得那样论文会变得残缺不全,于是《金属电子理论的研究》在《哲学杂志》上发表的希望,也随之破灭了。这篇论文的英译稿后来一直没有发表过。

遇见卢瑟福

yujianlusefu

正当玻尔的事业受阻时,他在剑桥大学幸运地遇到了卢瑟福。

1912 年圣诞节前后,卢瑟福从曼彻斯特来到剑桥,参加每年一度的卡文迪许研究生聚餐会。在这次聚餐会上,玻尔有幸遇见了卢瑟福,卢瑟福的人格魅力给他留下了难以磨灭的印象。

卢瑟福是新西兰籍物理学家,1895 年毕业于新西兰坎特伯雷学院,后获奖学金赴剑桥大学卡文迪许实验室学习,是汤姆逊最得意的弟子。汤姆逊曾称赞他说:“卢瑟福先生是卡文迪许实验室最优秀的研究人员,在创造性的科学研究中,我从未见过有比卢瑟福更加充满激情和干练有为的人才。”卢瑟福 1903 年提出放射性元素蜕变理论,并因此获得 1908 年诺贝尔化学奖。1907 年卢瑟福定居英国，任曼彻斯特大学物理学教授，在他周围聚集了一批不同国籍杰出的青年物理学家。

据玻尔后来的回忆，虽然在这次年度聚餐会上他并没有跟卢瑟福有个人接触，但对卢瑟福的人格魅力却有了深刻的印象。卢瑟福身上焕发出来的科学素养和科学精神，让人相信他不管在什么样的情况下都能做成常人难以做成的事。

卢瑟福

这次聚餐后不久，玻尔专程去曼彻斯特大学拜访父亲生前的一位朋友史密斯先生，经史密斯引见会见了卢瑟福。

也许是一种缘分，玻尔对卢瑟福有一种亲切感。两人一见如故，谈得很投机。卢瑟福说起上年10月在布鲁塞尔参加第一届索尔维会议的情形，使玻尔大开眼界。

卢瑟福说，来自全世界的物理学家们聚在一起，共同讨论恼人的量子问题。大家都有一种共同的感受，似乎经典物理学的某些基本原理处境不妙了。

年轻的玻尔听得很专注。

卢瑟福接着列举了最近十多年来物理学的重大发现：伦琴发现了X射线，贝克勒尔发现了放射性，他的老师汤姆逊发现了电子，以及他自己在几个月前发现的原子有一个核心的奇迹……玻尔听得全神贯注，恨不得把卢瑟福的每一个字都吞下肚去。

最后，卢瑟福表情凝重起来："我比任何时候都相信，物理学正面临着一场

巨大的变革，它的前景是不可估量的！”

玻尔兴奋得满脸红光，他突然站起来，说出了后来改变了他一生的那句话：

“卢瑟福教授，我能够到您的实验室里工作吗？”

“哦，我当然很欢迎你来工作。”

卢瑟福的脸上露出慈父般的笑容。从玻尔的谈吐和表情中，卢瑟福发现了他具有敏锐的科学直觉，尤其对刚诞生的原子物理学有一种强烈的探索欲。

“这是真的吗？”玻尔喜出望外。

在一旁的史密斯先生正色道：“卢瑟福从来不说戏言。”

“不过，你需要事先得到汤姆逊教授的同意。”卢瑟福提醒玻尔。

所幸的是，导师汤姆逊并没有因为此事不快，也许因为玻尔投奔的是自己的爱徒卢瑟福，汤姆逊放了他一条生路。按照规矩，读博士或博士后一般情况是不允许随便跳槽的。还有一个巧合是，曼彻斯特恰好是汤姆逊的老家。汤姆逊出生在曼彻斯特，父亲是个出版商。汤姆逊从小早慧，14 岁进入欧文学院，后来获奖学金到剑桥大学三一学院深造，毕业后留在剑桥任教 30 多年。他对曼彻斯特一直怀有浓厚的乡情。

1912 年 3 月，玻尔拎着行李来到曼彻斯特大学，成了卢瑟福的学生。在卢瑟福门下才华横溢的研究生群体中，无疑又增加了最有才华的一个。

就这样，玻尔一生中最辉煌的时代开始了。

KEXUE JUREN DE GUSHI

探索原子之谜

玻尔可不一样

boerkebuyiyang

在卢瑟福实验室里，玻尔感觉到一种亲密无间的团队精神，自己能成为这个团队的一员，他觉得非常幸运，也备受鼓舞。

玻尔很快投入了工作，卢瑟福给他安排的是金属铝对 α 粒子的吸收。玻尔整天待在实验室里，卢瑟福不时来听取进展情况。没有多久，玻尔觉得实验不会有多大结果，于是向卢瑟福提出，他愿意多思考一些理论方面的问题。卢瑟福同意了。卢瑟福是一位出色的实验物理学家，在他身上继承了英国实验物理学的传统，重视实践，尊重事实，包括他的科学发现，都是从实验室获得的突破。卢瑟福曾说："物理学家们有理由为自己的信念辩护，因为这些信念是建筑在事实这一坚固的岩石之上的。"这是很有代表性的观点。

爱因斯坦发现相对论，用的是一张纸和一支笔。卢瑟福发现原子核，用的却是轰击原子的大炮阴极射线管。这就是当时理论物理学家和实验物理学家的区别。因此人们都认为，卢瑟福对理论物理学家有点偏见。但他对玻尔却另眼相看，玻尔也经常与卢瑟福讨论一些想到的理论问题，而且很有深度，这使卢瑟福感觉到玻尔与众不同，因此给予他最大限度的信任。有一次，赫维斯问卢瑟福某种辐射是从原子的哪一部分发出来的，卢瑟福随口回答他："去问玻尔。"渐渐地，"去问玻尔"这话就成了卢瑟福和研究室全体成员的口头禅。大家也越来越信任玻尔的才能。

实验室有人问卢瑟福，为什么会对玻尔这样厚爱。卢瑟福幽默地说："玻尔可不一样，他是一个足球运动员。"

足球在那时已是大家关注的热点，全球闻名的英国劲旅曼联队（又名曼彻斯特联队,成立于1902年)就是曼彻斯特市的骄傲。玻尔也是卢瑟福的骄傲。

玻尔投在卢瑟福门下上的第一堂课,是原子结构的探索之路。上课的老师不是卢瑟福,而是玻尔的两个师兄弟。根据卢瑟福的提议,玻尔参加了由盖革和马斯登主讲的系列演讲会,因此对放射性研究的一些最新的实验方法,有了深入了解。盖革和马斯登演讲的内容涉及原子结构,尤其是有关原子模型的各种假设,引起了玻尔强烈的兴趣。玻尔就是从这里起步,最终掌握了打开这个宝库的钥匙。

《卢瑟福备忘录》

lusefubeiwanglu

卢瑟福交给玻尔一项任务,叫他测量 α 粒子在各种物质中的受阻程度。α 粒子穿过一定物质时,由于受阻速度会减小,穿过不同的物质,速度的减小不一样。

玻尔很执著。他虽然投入到了实验中,但并没有打消念头从理论上探寻元素性质与原子结构的关系,他想把测量结果与卢瑟福的原子模型作一个比较。

实验室所用的 α 粒子是由衰变的镭元素发射的,6月, 由于镭用完了,实验暂停。玻尔利用这个空当阅读了许多资料,集中精力考虑理论上的问题。

这天,他偶然读到查尔斯·达尔文刚完成的一篇论文,论文题目为《α 射线的吸收和散射的一种理论》。

这也是他正在思考的问题! 玻尔一口气读完达尔文的论文,很受启发。

玻尔有一个极其难得的本事, 或者说是一种天赋——就是善于发现别人理论的漏洞并进行完善。当年为应征丹麦科学院的有奖论文,他在研究瑞利测定液体表面张力的命题时,就曾发现这位大物理学家的理论存在局限;后来写博士论文《金属电子理论的研究》时,又发现了汤姆逊的电子理论有破绽,并且

计算公式不严密；如今他仔细研读了达尔文的论文，立刻看出了其中的纰漏。

玻尔在给弟弟哈若德的信里兴奋地写道：

“我几天前有了一个小小的想法，就是怎样才能解释 α 射线被吸收的现象——不久前，这里的一位年轻的数学家、伟大的达尔文的孙子发表了有关这个问题的理论，我觉得这个理论不光在数学方面有缺陷（这方面问题还不是很严重），而且他的基本思路都不完善，我为此提出了一个小理论，这个理论虽然很小，但或许能给原子结构问题带来一线曙光……”

这时，离留学结束的日子只有一个多月了，玻尔夜以继日地投入工作，为他的“小理论”进行分析计算。

这时候，他的全副精力都集中到原子模型问题上了，他感到有一种全新的观点呼之欲出，禁不住情绪亢奋，斗志昂扬。实验室里很难见到他的影子，即使他偶尔在下午茶时露一下面，也是满脸疲惫，两眼布满血丝。

“又来喘口气啦？”赫维斯开他的玩笑说。

玻尔也不答话，只顾大口地喝茶，喝完后又溜回房间演算起来。

终于在最后时刻，他发现了卢瑟福原子模型的破绽，并且很可能找到了解决的办法，可是要形成一篇完整的论文，时间却不够了。

7 月 22 日，就在结束留学的前两天，玻尔把一份刚写完的提纲交给了卢瑟福，请导师审阅。这就是后来有名的《卢瑟福备忘录》（以下简称《备忘录》。

这份论文提纲的内容，涉及卢瑟福原子模型的一个基本问题。

根据麦克斯韦电磁理论，带电粒子在环形轨道运行时会辐射出射线，绕原子核高速运转的电子也不例外，其结果电子必然会不断失去能量，这样一来，电子运转的轨道会逐渐缩小向原子核靠近，最终坠落在原子核上，原子也就坍缩了。这就意味着，卢瑟福的原子模型是不稳定的，这是卢瑟福模型最薄弱的地方，或者说是它的软肋。当时，连卢瑟福本人都觉得这个问题无法解决，这位诺贝尔奖得主对自己的模型一直保持谨慎态度，也是这个原因。

玻尔的确有一双慧眼,一下就看出了老师模型的命门所在。

卢瑟福的有核原子模型已被 α 射线散射实验证实是无可怀疑的,但是按经典的电磁理论分析,原子的坍缩毁灭又是不可避免的,面对这个矛盾,物理学家们都感到束手无策。

“我觉得,问题出在究竟该怎么取舍上。”玻尔说。

“要么尊崇经典理论,舍弃有核原子模型;要么维护有核原子模型,另寻新的理论解释。两者之中必选其一。”玻尔坚定地说,“我选择后者。”

卢瑟福劝玻尔不要操之过急。

“你可以从最简单的氢原子着手,”卢瑟福建议道,“这样或许比较容易给稳定性问题一个清楚的解释。”

玻尔接受了卢瑟福的建议,一年之后他写出的那篇惊世骇俗的论文,就是从最简单的氢原子突破的。

7 月 24 日,玻尔结束了博士后学习,离开曼彻斯特回了丹麦。一是嘉士伯基金会提供的留学赞助费到期了,二是玛格丽特正等着他回国完婚。

算起来,玻尔在曼彻斯特只待了四个月。但就是这短短的四个月,他得到的学术熏陶和科学历练却足够终生受用。卢瑟福在作科学判断时的睿智和独立性,他那种在指导别人的同时又能继续自己的研究的导师作风,以及他对青年合作者的关心备至……所有这一切,对玻尔都产生了影响。玻尔与卢瑟福也因此结下了终生的师生情谊,后来玻尔说卢瑟福“对我来说他几乎像一位父亲”。

玻尔一生中最重要的发现——量子理论也是从曼彻斯特获得灵感,开始起步的,并且出手不凡,一鸣惊人!

玻尔原子模型

boeryuanzimoxing

1912 年 8 月 1 日，玻尔和玛格丽特在斯拉厄尔瑟市举行了婚礼。为什么婚礼的地点不在哥本哈根，而选在斯拉厄尔瑟，有关玻尔的传记都没有说明，多半因为玛格丽特的家在这个城市。斯拉厄尔瑟位于西兰岛的西边，距哥本哈根 87 千米，实际上只是一个小镇。

他们的婚礼举行得很热闹，全城挂了彩旗。主持婚礼的人本来应该是镇长，由于镇长正在外地休假，就由警察局局长代劳。参加婚礼的人都是亲戚，弟弟哈若德特地赶来给玻尔做傧相。整个仪式只用了两分钟就完成了，这正合玻尔的心意，他的心思早已飞到大贝尔特海峡彼岸去了。玛格丽特的母亲坚持婚宴要安排在晚上，而且时间要三个小时，性急的玻尔悄悄问新娘："一次婚宴就要三小时？我们能不能七点钟赶上渡轮哦！"

婚礼之后，夫妻俩原想去挪威度蜜月的，但因玻尔惦记着那篇没有完成的《备忘录》论文，最后他们选择去英国度蜜月。玻尔和玛格丽特先到剑桥，在这座曾经让玻尔憧憬和失落的小城住了一个星期。在这七天里，玻尔完成了那篇关于 α 射线的手稿。玛格丽特给他当秘书兼翻译，在她的帮助下把手稿译成了英文。

8 月 12 日，玻尔伉俪特地赶到曼彻斯特，拜会卢瑟福夫妇。分别不到 20 天，玻尔竟携着娇小美丽的妻子出现在面前。卢瑟福夫妇又惊又喜，他们非常喜欢玛格丽特。

"尼尔斯真是有福气，娶了个公主般的妻子哟！"卢瑟福夫人握着新娘的手说，玛格丽特羞得脸都红了。

玻尔一脸傻笑,只有他知道用了多少封激情澎湃、充满诗意的情书,才获得了玛格丽特的芳心。后来的传记家意外发现,玻尔的情书比他的学术论文确实要流畅得多。

玻尔把刚写完的论文交给了卢瑟福,以便在《哲学杂志》上发表。这篇论文是在《备忘录》基础上扩展的,篇幅并不长。

卢瑟福接过稿子,翻了两页,见上面是女性笔迹抄写的,会意地一笑,这位新西兰纳尔逊的良师心想:玻尔这小子不仅找到了一个娇妻,而且遇到一个贤内助。

试想,玻尔从 7 月 24 日离开回国,到 8 月 12 日重返曼彻斯特,虽然在忙着婚姻大事和蜜月旅行,但他满脑子想的却是 α 射线和探索原子之谜的念头。新娘不仅不怪罪,还在蜜月中帮他抄写枯燥的论文。

卢瑟福郑重地收下了论文,也收下了一对丹麦青年夫妻的心意和情谊。他告诉玻尔,他的实验室正在进行的一项实验,与玻尔的论文有关。玻尔听后很兴奋,决定等这项实验数据出来以后再发表论文。

“下一步还有什么打算?”卢瑟福关注玻尔的研究方向。

“我正准备写一篇关于原子和分子结构的论文。”玻尔说。

“这可是个大题目。”卢瑟福鼓励他说,“但很值得搞。”

玻尔感到一种莫大的激励。这是卢瑟福一贯的风格。那种感觉,宛如被父亲拍着肩膀说:“好样的,你一定行!”

玛格丽特含笑地望着他俩。

“你们师生俩一见面就原子、分子地聊个不停,”卢瑟福夫人打趣道,“别冷落了咱们的新娘哦!”大家都开心地笑起来。

在曼彻斯特,玻尔夫妇受到热情的款待,逗留了数日后,夫妻俩前往苏格兰,于 9 月 1 日前后返回哥本哈根。这次曼彻斯特之行,使玻尔夫妇和卢瑟福夫妇从此结下了终生不渝的友谊。

新学期开始时,玻尔在哥本哈根大学得到一个助教的职位,负责讲授有关热力学基础的课程,占去了他很多时间。但对原子结构的思考,仍然盘踞在玻尔的脑海里,常常使他夜不能寐。《卢瑟福备忘录》中的那些想法,需要进一步深化。

新的一年在希冀中来到了。哥本哈根银装素裹,漫天飞舞着美丽的雪花。

1913 年对玻尔来说将是极不寻常的,就像牛顿的 1665 年、爱因斯坦的 1905 年一样,1913 年注定将成为玻尔的幸运之年。

2 月的第一个星期天,玻尔的老同学、哥本哈根大学的光谱学家汉森来访。汉森兴冲冲地邀请他去参加一个聚会的,但玻尔一点兴致都没有。

"你怎么一脸的愁苦相哦?"

"我走进了一座迷宫。"

玻尔诉说了自己思考原子结构的困惑和苦恼,特别是卢瑟福理论上的缺口总是找不到最好的解决办法。

"请问,你的原子模型对光谱线如何解释呢?"

汉森比玻尔小一岁,但思考问题却颇老练。

"光谱线?"玻尔还没有考虑过。原子光谱当时对他来说还比较陌生,而且复杂的光谱线总让人有一种眼花缭乱的感觉。

他心想:或许这正是自己的盲点?

"老兄听说过巴耳末光谱线定律吗?"汉森又问他。

"巴耳末光谱线定律?"

玻尔突然觉得灵光一闪。

"30 年前这位瑞士老先生曾提出过,其实氢原子的光谱存在着简单的规律性。"汉森告诉玻尔。

巴耳末是瑞士巴塞尔女子中学的数学和拉丁文老师,对物理学有浓厚的兴趣,1884 年他在捉摸光谱线的特点时,凭着数学家对数字的直觉,发现了氢

光谱线的波长具有惊人的规律性。当时巴耳末已经60岁了,老先生发现氢原子的四条谱线的波长比率，可以用一个很小的基数表示出来，这个基数为 3645.6×10^{-7}mm。他将这个基数分别乘以四组特殊而有趣的分数9/5、16/12、25/21、36/32,就得到了这四条谱线的波长！聪明的巴耳末把这四组分数综合为一个公式:$n^2/(n^2-2^2)$,式中n是大于2的正整数(3、4、5、6……)。据美国著名科学史家卡约里《物理学史》一书记载,巴耳末由此得到一系列比例数,当把它们乘以基数时,就以惊人的准确度印证了肯定属于氢的9条光谱线,以及天文观察得知的另外5条氢的附加光谱线。这个经验公式为光谱理论奠定了“磐石般的基础”,后来被称为巴耳末公式。

在巴耳末之后,瑞典隆德大学的里德伯讲师也独立地提出了光谱线公式。这个公式与巴耳末公式很近似,可以应用到元素周期表的前面三族元素,这个公式中的常数后来被称为里德伯常数。

1912年的《不列颠百科全书》收录了巴耳末的成果,但在巴耳末公式的背后,究竟隐藏着原子的什么秘密和玄机,在近30年里却没有任何人知道。

汉森来访之后，玻尔立刻在一本斯塔克关于原子力学的书中查到了有关光谱定律的资料。后来玻尔曾说过:“当我看到巴耳末公式，一切都豁然开朗了。”

巴耳末公式里有一个变量n,是大于2的正整数,n可以等于3,可以等于4,可以等于5,但n不能等于3.3,也不能等于4.5……这显然是一种量子化的表述,意味着原子只能放射出波长符合某种量子规律的辐射。而根据普朗克量子说,量子的能量大小取决于辐射的波长,原子只释放特定波长的辐射,这等于说原子内部只能吸收或释放特定量的能量,也就是说电子只能在特定的“势能位置”之间转换。换句话说,电子只能按照某些“确定的”轨道运行,这些轨道必须符合一定的势能条件,从而使电子在这些轨道之间跃迁时,只能释放出符合巴耳末公式的能量来。

玻尔的思维和原子理论构想，由此产生了巨大的飞跃，如同布莱依尔在《和谐与统一》中所说，在这以前玻尔“所得到的一切知识以及他在原子结构方面已经形成的一切概念，全都到达了自己的适当位置。因此，随着最后一个谜的破解，玻尔就得到了一种全景式的概观……”

在接下来的日子，玻尔废寝忘食地撰写新论文。不到一个月的时间，玻尔完成了《论原子和分子的结构》的第一部分。他在给一位朋友的信中写道：“我觉得，要使论文问世时内容是新的，那就非得加油干不可。问题就是这么火烧眉毛。”

1913年3月6日，玻尔把论文寄往曼彻斯特，请求卢瑟福将稿子转给《哲学杂志》发表。很快，卢瑟福的回信寄来了。

“我已收到你的信，并以极大的兴趣读完了它，我还打算有空时再仔细看一遍。你对氢光谱的产生所发表的观点非常卓绝，看来很能说明问题……”卢瑟福高度赞赏了玻尔的论文，这对玻尔是莫大的鼓舞。卢瑟福还指出了论文中的假设“有一个严重的困难”，即电子在从一个稳定状态过渡到另一个稳定状态时，它是怎样决定自己的频率的。

另外，卢瑟福认为玻尔的论文太长了，过于繁琐，他在信中指出：“长的论文往往会吓跑读者，使他们觉得自己没有时间进行深入研究。”

这正是玻尔的老毛病，当初玻尔的博士论文就是因为太长，遭到《哲学杂志》编辑的拒绝。

卢瑟福建议对论文作适当的删减，照他看来，把论文压缩三分之一的篇幅，又不至于牺牲任何本质的东西，这并不难。他在信尾附带写道：“又及，我想你是不会反对我凭自己的判断，从你的论文中删去一些我认为该删去的内容吧？请答复。”

这个“又及”可让玻尔着急了。按玻尔的习惯和禀性，他对自己的论文一向很偏爱，舍不得压缩。当然，长度只是一个方面，另一方面是担心删减时内容

被“伤筋动骨”了，哪怕操手术刀的是自己的老师。

玻尔与玛格丽特商量了一阵，最后决定亲自去一趟曼彻斯特，当面同卢瑟福商讨论文修改之事。当玻尔赶到曼彻斯特，走进卢瑟福的办公室时，看见衔着烟斗的卢瑟福正笑眯眯地等候他。

“这样吧，咱们从头到尾一段一段地过一遍……”

创建原子模型时的玻尔

卢瑟福建议逐段逐句地审查论文，师生俩忙活了几个晚上，办公室里弥漫着浓重的烟味，两个人腾云驾雾，各抒己见。这时的玻尔也学会了抽烟，不过抽的是纸烟，后来在卢瑟福的熏陶下他才喜欢上抽烟斗的。玻尔顽强地捍卫着自己的每一节文字、每一个观点，甚至每一个标点符号，结果是卢瑟福作出了让步，据说只是把几个词改成了更像样一点的英文。讨论进行得相当艰难吃力，玻尔后来对朋友说，卢瑟福简直像天使一样有耐心。卢瑟福则把玻尔的“反对简洁的战斗”看做一件趣事，他告诉同事说：“起初我认为很多句子都是多余的。他给我解释了其中的紧密联系后，我就明白改动任何东西都是不可能的了。”

这真是大师的宽容和厚爱！

论文搞完后，卢瑟福微笑着拍拍玻尔的后背说：“我可没有想到你有这么犟！”

玻尔的这篇论文经卢瑟福推荐，后来全文发表在1913年7月的英国《哲学杂志》上。玻尔只在曼彻斯特逗留了几天，就匆匆回到哥本哈根，加快撰写论文的第二部分和第三部分。

一个全新的原子模型理论已经孕育成熟,正待呱呱坠地。

6月,玻尔完成了论文的第二部分,题目为《单原子核体系》。两个月后,他一鼓作气完成了论文的第三部分,题目为《多原子核体系》。玻尔先后把这两篇论文寄给了卢瑟福,由卢瑟福推荐,分别发表在1913年9月和11月的《哲学杂志》上。

连同7月发表的《论原子和分子的结构》,玻尔的这三篇论文,后来成为原子物理学史上划时代的文献,这就是有名的"伟大的三部曲"。

玻尔在《卢瑟福备忘录》中的一些新思想萌芽,在"三部曲"中得到充分扩充和完善。"三部曲"在《哲学杂志》的发表文本,总共73页。虽然在玻尔的著作中只能算是个"中篇",但却是玻尔一生中最辉煌的一篇论文,这是玻尔站在普朗克、爱因斯坦、卢瑟福和巴耳末这些先驱者肩上获得的成果。

这一年,玻尔刚满27岁,比爱因斯坦发表相对论时仅大一岁。

玻尔在"三部曲"中,创造性地把普朗克的量子说和卢瑟福的原子核概念结合起来,提出了一个新的原子模型。在玻尔的原子模型中,充分肯定了卢瑟福原子模型的有核结构,但电子却全然受到量子规律的支配。

玻尔的原子模型成功地解决了原子的稳定性问题,给原子结构理论带来了革命性的观念,对此,他引入了著名的三个假设。

第一,绕核运动的电子并不能取任意轨道,它只能在某些特定的轨道上运动,只有满足普朗克量子条件的轨道才是容许的;在这些轨道上,电子的角动量只能是 $h/2\pi$ 的整数倍,即 $P=nh/2\pi$(其中,n取整数倍,h是普朗克常数)。

第二,当电子在这些特定轨道上运动时,它不向外辐射能量,也不吸收能量,这时由电子、原子核组成的系统是稳定的,而电子则处于所谓的"定态"。

第三,只有当电子从一个特定轨道上"跃迁"到另一特定轨道上时,它才辐射或吸收能量。当电子从能量较高的轨道跃迁到能量较低的轨道时,会辐射电磁波;反之,电子从能量较低的轨道跳到能量较高的轨道时,必须吸收能量。在

玻尔原子模型(丹麦纪念邮票,1963 年)

这两种情况中,辐射或吸收电磁波的频率满足如下关系:$h\upsilon=E_1-E_2$(其中 υ 为频率,h 为普朗克常数,E_1-E_2 为两个特定轨道的能量差)。

玻尔的原子模型不仅解决了按照经典电磁理论原子会坍缩的悖论,而且能圆满解释氢光谱的巴耳末公式。他的理论计算与已知实验的结果完全一致,包括从公式里导出了里德伯常数值。玻尔理论由此精确地揭示了氢原子和类氢原子的结构和性质,这是量子论的一个巨大的成功。

可以说,玻尔提出的“原子定态”和“量子跃迁”概念,完全突破了经典物理学理论的窠臼,它为整个欧洲和全世界打开了新物理学的一扇大门,让人们突然看到一个无限广阔的天地。

试金石

shijinshi

但是,“三部曲”发表之初并没有得到学术界的承认。

由于玻尔原子模型与经典理论相悖,所以一问世就遭到思想保守的物理学家的激烈反对。

论文第一部分发表不久,在瑞士苏黎世的一次学术年会上,有人提到它的内容,与会者大多不知道玻尔为何许人,德国物理学家劳厄当场不客气地批评说:“这完全是胡扯!麦克斯韦方程在任何情况下都是成立的。”

据说,当时还不太出名的爱因斯坦站起来说了一句:“这个新观点值得注意!在它的背后一定有点什么玩意儿。”

这说明爱因斯坦看出了玻尔论文中有不同凡响之处。

德国科学家一向以稳健和墨守成规著称，劳厄只是其中的一个代表。德国哥廷根大学是当时著名的学术中心，云集了当时欧洲最优秀的数学家和物理学家，包括名冠全球的大数学家希尔伯特。哈若德·玻尔获得博士学位后，也在这所大学任数学教授。据哈若德传回来的信息，哥廷根的物理学家们对玻尔论文起初“极感兴趣”，但读罢都“不敢相信它的正确性，大伙儿觉得那些假设太大胆，太异想天开了”。有人甚至说：“整个事情都是可怕的胡闹，简直是一场国际玩笑！”只有希尔伯特大师和他们的看法不同。

一位名叫隆格的哥廷根光谱学家，甚至在一次会上大声疾呼：“这太可悲了，大家在光谱研究方面做了这么多工作，到头来公布的信息却被胡乱引用，这暴露了我们的资讯正被严重污染……”

在所有的德国学者中，只有一个人例外，他就是慕尼黑大学的索末菲教授。这位矮个子理论物理学家读到玻尔在《哲学杂志》上的文章时，完全被吸引住了。当时正好有个同事从门外走进来，索末菲冲着他大喊道：“嗨！这里有一篇尼尔斯·玻尔写的极其重要的论文，它很可能成为理论物理学中的一个里程碑。”

索末菲在给玻尔的一张明信片中写道：“虽然我目前对原子模型还有点怀疑……但你导出里德伯常量的计算却是一个不可否认的成就。”

索末菲和玻尔(1919 年)

这位慕尼黑大学最杰出的教授后来与玻尔结下了深厚的友谊，并在量子力学创立上给了玻尔许多襄助。

1913 年 9 月，在英国伯明翰召开英国科学促进会年会，卢瑟福推荐 27 岁的玻尔出席了会议。当时玻尔论文的第二部分刚发表，引起了一定的关注。在这次会上，玻尔的研究被纳入了讨论议题。62 岁的著名电学家、伯明翰大学校长洛奇爵士在致开幕词时，提到了玻尔新近发表的理论；另一位剑桥大学的金斯教授受卢瑟福之托，详细介绍了玻尔的论文。玻尔前年秋天在剑桥卡文迪许时，曾听过金斯的数学课，与这位教授有点缘分。金斯对论文给予了肯定的评价，他说："玻尔博士已经对巴耳末光谱定律作出了一种巧妙的、也是耐人寻味的解释，我还要说的是这个解释不可能是靠运气得来的……"

但在讨论时，几位德高望重的科学泰斗态度却比较消极，他们不是摇摇头表示怀疑，就是说些无关痛痒的话。

71 岁的瑞利勋爵也出席了这次年会，当时他还在剑桥大学校长的任上，备受尊敬。与会者都把视线投过来，等待着大师表态。年轻的玻尔从远处注视着白发鹤颜的勋爵，从心里祈盼他能说句支持的话。

富有戏剧性的是，瑞利出人意料地开口了。

"我在年轻时就主张过，过了 60 岁就不应该再参加时髦问题的争论了……"勋爵面带微笑，话语幽默地说，"虽然现在我已不再坚持这个主张，但是我对今天的这个问题，还是坚持不参加讨论。谢谢大家！"

会场里发出一阵会心的笑声，连卢瑟福都忍不住咧嘴笑了。

瑞利是汤姆逊的老师，汤姆逊是卢瑟福的老师，玻尔虽然跟了汤姆逊七个月，可以说只是卢瑟福的学生，算起来应该是瑞利的"曾徒孙"了。如果汤姆逊当天也在场，简直就是一幕"四世同堂"的师生聚会了。

据说 57 岁的汤姆逊的确出席了这一届科学促进会年会，他的发言大意为："还是用正统的力学方式得到量子理论的结果更让人放心些。"话说得比较温和婉转，但却代表了物理学正统观念的强势和某种隐忧。

玻尔的“定态”、“跃迁”等新观念，对于正统的物理学来说实在是太“离谱”了，难怪那些物理学家们难以接受。但日后的一些年轻物理学家却把玻尔假说中的亮点，大大地发扬光大，并且摧枯拉朽，横扫一切。

看来，刚刚诞生的年轻物理学，需要年青一代的物理学家们去打天下。

正当玻尔祈盼声援时，玻尔军团未来的生力军们，此时才刚过“黄口”之年：

11 岁的英国儿童狄拉克正独自躲在教室的角落，望着窗外发呆，这个沉默寡言的小孩，最怕回家后爸爸强迫他说法语。

12 岁的慕尼黑高中生海森堡在偷偷学习微积分，这个德国神童 10 岁时就能流畅地演奏巴赫的《随想曲》。

13 岁的泡利正在维也纳啃爱因斯坦的相对论，据传他在 12 岁时听过一次索末菲的物理学讲演，索末菲问在座的学生是否都听懂了，泡利举手说：“听懂了！只是除了您在左上角写的那些。”索末菲诧异地扭头瞧黑板，当他扫过左上角泡利指的那堆复杂的分式推导后，不禁含笑点头说：“你说得对，我在那儿确实弄错了一点。”

要让正统的物理学家们信服，只有靠科学事实。学术界也要求这个离经叛道、异想天开的丹麦后生拿出实验证据来。玻尔的论文中，有一个关于氦光谱的预言。这成了检验玻尔理论正确性的试金石。

1896 年，哈佛的皮克林在天文观测时从星光中发现了一组光谱线，他认为这个线系应该属于氢。1912 年，伦敦光谱学家福勒在实验室里也得到了这些谱线。学术界一直认为两位观测到的谱线是氢元素的，但是这些谱线并不符合玻尔理论的解释，即谱线的波长与玻尔的计算不符。如果这个问题存在，玻尔的理论就很难站住脚，所以事情虽小，关系却很重大！

玻尔对这个异常观测值分析后，认为皮克林和福勒观测到的并不是氢的谱线，而是氦原子的。当时已知道氢只有一个电子，而氦有两个电子。如果氦的

两个电子中有一个电子失去了(例如因为碰撞),氦和氢就会很相似,以至于很难判断那些谱线源自氢而不是源自氦,所以皮克林和福勒作出了误判。玻尔指出,若用他的公式按失去一个电子的氦的参数计算,结果就一致了。

玻尔在提交论文第三部分时,曾把这个想法告诉了卢瑟福,请求老师能否安排一个实验对此进行检验。卢瑟福慷慨伸出援手,把此事委托给了他的一位朋友、杰出的实验物理学家伊万斯。当时要弄到氦不容易,伊万斯还是想办法搞到了。这个实验引起人们的莫大关注,实验结果,伊万斯从纯度极高的氦中得出了皮克林和福勒发现的那些谱线,证实了玻尔的结论——它们是氦,而不是氢!

玻尔的理论取得了重大的胜利,使许多物理学家对他刮目相看。

这年秋天,德国物理学家斯塔克发现了谱线分裂现象。斯塔克把原子置于一个电场中时,发现一条谱线分裂成为若干条谱线。这和荷兰物理学家塞曼 1896 年发现的塞曼效应,有着密切的关系。塞曼当时在莱顿大学做实验时,将钙光源置于强磁场中,结果发现钙的某些谱线分裂成了三条,这就是著名的塞曼效应。塞曼发现的是谱线在磁场中发生分裂,斯塔克发现的是谱线在电场中发生分裂,两者有异曲同工之妙。

卢瑟福获悉斯塔克的发现后,写信告诉了玻尔。当时玻尔的第三篇论文刚发表不久,他看了老师的信后,想起索末菲寄给他的明信片上曾提到塞曼效应。索末菲写道:“您要不要把您的理论应用到塞曼效应上?”

这真是个睿智的提醒!

玻尔立刻投入到对斯塔克效应和塞曼效应的考察上,其他物理学家也积极行动起来,成功地用玻尔理论解释了斯塔克效应。尤其是索末菲的研究,对玻尔理论的推动和后来量子力学的诞生,起到了重大的作用。他和玻尔成功地解释了斯塔克效应和塞曼效应,被称为玻尔—索末菲诠释。

KEXUE JUREN DE GUSHI

原子物理之都

重返曼彻斯特

chongfanmanchesite

1913年的日历翻过最后一页，那些激动人心的岁月载入了史册。

玻尔仍然在丹麦哥本哈根大学任教。他当时只是一名普通讲师，主要负责给医科学生讲物理课，实际上是个副课老师，挺没劲的。他既没有自己的物理专业学生，又没有助手，也不可能有自己的实验室。

一年前玻尔的博士论文答辩通过时，曾有消息说哥本哈根大学要考虑他申请的一个教授职位，但这只是一阵风吹过耳的传闻，并没有成为事实。当时丹麦的大学设置教授一职很严格，除了层层遴选、学校高层审定，以及向教育部申请，最后还要经国王批准。玻尔一直很希望哥本哈根大学设置一个理论物理学的教职，这样，他就能把教学与研究结合起来了。1914年春天，玻尔在给一位瑞典朋友的信中说："……看来成功的希望不大，因为校当局仍然不愿意设立这样一个职位。"

尽管如此，玻尔仍尽了最大努力进行争取。3月10日，他给卢瑟福写信请求老师写一封推荐信。3月13日，他向丹麦教育部提交了正式申请书。

卢瑟福寄来的推荐信写得很好："我曾有最好的机会对玻尔博士的才能得出评价……我个人强烈地感到他的理论显示出杰出的独创性和优点……在我看来，玻尔博士是今天欧洲最有前途和最有能力的理论物理学家之一。"哥本哈根大学数学物理系的七位教师，也表示了赞同意见："能够和物理学发展这一方面保持同步，将是学生们和物理学研究者的最大利益；理论物理学的发展在近年确实是突飞猛进的……尼尔斯·玻尔博士已证明他自己担任这一任务的资格充分。"

4月下旬，全系一致同意推荐玻尔担任理论物理学正教授,但是,建议报到教育部后却被搁置起来。按照惯例,即便能被批准也是旷日持久的事。遇到教育部官僚们的这种态度,那更是遥遥无期了。

渴望事业发展的玻尔

玻尔感到一种失望和无奈。

一个月后,曼彻斯特大学那边,正巧达尔文孙子的讲师聘期已经到期，这位曾给玻尔带来灵感的小达尔文离开后，将空出一个理论物理学讲师职位。卢瑟福再次向玻尔伸出援手,邀请玻尔来曼彻斯特大学工作。

玻尔兴奋地接受了老师的邀请,他向学校请了一个学年的假。到了曼彻斯特,卢瑟福已为玻尔安排好了工作。

原子物理学家们原本在这里积蓄力量,准备大干一场,但是刚刚爆发的第一次世界大战的炮火和硝烟,严重地影响了科研的进程。

在几个月的时间里,卢瑟福的研究团队人员星散,各奔东西。

卢瑟福的得力助手盖革戴上了钢盔在德军里服役。

另一个非常优秀的研究生莫利斯也穿上军装上了战场，不过是在英军一方。昔日同一研究室的亲密同事,此刻竟成为刀枪相见的敌人。卢瑟福曾劝莫利斯脱掉军装,回到实验室来,但未能奏效,这使卢瑟福深感惋惜。后来莫利斯在出征达达尼尔的战役中阵亡,牺牲时年仅27岁。这场远征是时任海军大臣丘吉尔部署的,结果英军在达达尼尔海峡惨败,丘吉尔因为这次指挥失误引咎辞掉了海军大臣一职,但莫利斯失去的却是生命。

战争给玻尔的心里投下永远抹不去的阴影，使他毕生对世界和平怀着虔诚的憧憬。不久,卢瑟福也受命参加了军事项目,为英国海军研究声呐,并且几

乎投入了所有的时间和精力。

在曼彻斯特这段日子，玻尔和玛格丽特生活无忧。玻尔的主要任务是教学，课程为理论物理学内容，如电动力学、电子理论以及热力学等等，偶尔也做一些实验。玻尔写信告诉朋友："我们两人在这儿很愉快……实验室的工作几乎像平日那样在进行，只是年轻人比以往少得多，特别是除我以外没有外国人。"

尽管卢瑟福很忙，玻尔在曼彻斯特向卢瑟福仍然学到许多东西，尤其是卢瑟福的团队精神。玻尔意识到，探索原子结构之谜，将是一场集团攻坚战，靠个人单打独斗，已不能奏效。随着物理学向纵深发展，不可避免的是，实验资料和哲学体系已经涵盖巨大的领域，以致任何个人都很难精通不同的领域了。在玻尔的心中，渐渐萌生出创建一个理论物理研究中心的梦想。

在这段时间，欧洲有不少大学和科研机构向玻尔发出了邀请。丹麦教育部的官员这才明白，玻尔是个不可多得的人才。哥本哈根大学也担心丹麦的研究工作会失去玻尔，再次向当局提出申诉。1916 年 5 月，教育部终于批准了玻尔的教授职位申请。

得到这个消息，玻尔喜出望外。他的工作成果和能力，终于得到了自己国家的承认，他可以在祖国施展自己的抱负了！

筹建物理研究所

choujianwuliyanjiusuo

1916 年初夏，玻尔夫妇回到丹麦。31 岁的玻尔开始了他在哥本哈根大学的教授生涯。离开曼彻斯特时，玛格丽特已有身孕。11 月，她生下一个健壮的男孩，玻尔给这第一个孩子起名叫克里斯蒂安。玻尔当了教授，又做了父亲，可谓双喜临门。卢瑟福寄来贺信："我的太太和我特向你们致以最衷心的祝贺……这是你们在曼彻斯特停留的一种纪念。”

新上任的玻尔教授开了几门课,有电子理论、电动力学,还有热力学等,这些都是他最熟悉的专业,讲起来游刃有余。

不久,玻尔意外得到一个好助手。

有一天,玻尔接到一个名叫克喇摩斯的荷兰青年来信,热切地希望做玻尔的助手。玻尔约他在一家咖啡馆见面。克喇摩斯戴副圆框眼镜,模样挺斯文。他自我介绍是莱顿大学艾伦菲斯特教授的学生,现年 21 岁,到哥本哈根来旅游,希望有机会在丹麦这样的中立国学习。他身无分文,因此慕名向玻尔求助。艾伦菲斯特教授是荷兰著名的物理学家,他的学生也非平庸之辈。在交谈中玻尔发觉克喇摩斯数学功底很强,而这种特长对理论物理学家而言是很难得的。待一杯摩卡咖啡喝完,玻尔就同意收下克喇摩斯做研究生,经费问题也由玻尔解决。哥本哈根大学没有经费指标,玻尔特地为克喇摩斯向嘉士伯基金会申请了生活费。克喇摩斯后来与玻尔共事了十年,成为玻尔的挚友和得力助手,对哥本哈根的研究起了重要作用。

玻尔和克喇摩斯合用一个小办公室,师生俩挤在 15 平方米的空间里,深感局促狭小。玻尔没有实验室,要进行实验研究非常困难,于是,玻尔决定申请筹建一所理论物理研究所。

1917 年,玻尔向系里提出拨款申请,要求建立一个研究所。

在玻尔的心目中,这个研究所实际就是原子物理研究所。这从他提出的建所理由也能看出来:“理论物理学正面临着一种任务, 有充足的理由认为这和人们直到不久以前所想象的正好相反,那就是,根据所得到的关于物质的内部结构的信息来推测普遍的定律……”

玻尔想建立的是“原子物理之都”。这位丹麦青年物理学家的梦想,是探索物质结构的规律,揭开原子之谜。

5 月,系里将玻尔的报告转呈校务会,校方很快任命了一个包括玻尔在内的委员会运作这件事，还物色了一位建筑师参加筹建工作。

首先是确定所址。玻尔曾看上一处植物园里的地方，园中小桥流水，环境幽静。他指望政府免费提供植物园的一隅，作为研究所的地基，但是后来没有被批准。最后建所地址选在了漂布塘路旁边，这里曾经是"洗衣匠"漂洗晾晒床单的地方，周围是一片开阔的荒地，点缀着小水塘，后来变成了街道，地价比较便宜。

为了购买地基，玻尔的一个朋友伯尔勒姆积极发动了募捐运动。伯尔勒姆是玻尔旧港中学的同学、一个有钱的商人兼社会活动家，他为老同学发动了一个名为"为玻尔的计划募捐"的活动，结果非常成功。

伯尔勒姆印了许多为玻尔研究所募款的呼吁书广为散发，呼吁书特别强调了两点：一是玻尔研究所的成立关系着丹麦的科学和文化前途；二是玻尔的名字现在已为全世界的科学界尽人皆知。呼吁书上有大学校长、他本人以及其他一些学术界、商界人士的签名，可信度颇高。伯尔勒姆是第一个赞助者。只用了两个月时间，伯尔勒姆就募集齐了购地所需的资金 8 万丹麦克朗。捐款的有 40 多位个人和 20 来个商家，不少人是冲着玻尔的名字解囊的。还有一些捐款人提出五花八门的条件，都被伯尔勒姆婉谢了。例如：一个人很乐意捐 1000 丹麦克朗，但要求玻尔的科研对农业有用。伯尔勒姆对原子结构对农业会有什么好处搞不清楚，所以不敢贸然承诺。

1918 年 11 月，第一次世界大战结束。一周之后，玻尔收到卢瑟福的一封邀请信，再次请玻尔去曼彻斯特大学工作，年薪和工作条件非常优厚。卢瑟福在信中殷切说道："咱俩私下讲，咱们可以试图让物理学发出巨响！"

这是一个非常诱人的邀请，但是玻尔经过慎重考虑后，婉谢了老师的盛情。玻尔的心愿是在自己的国土上建立一个物理研究所。

1919 年，研究所终于正式破土动工修建。

丹麦政府为建所提供了建筑和设备的主要费用。由于战后的通货膨胀和货币贬值等原因，使得建研究所的费用大大超出玻尔当初的预算，玻尔只好多次向教育部打报告，请求追加拨款。

为了补缺，玻尔和同事们还利用各种渠道寻求赞助。其中最大的一笔捐助来自嘉士伯基金会，这笔捐款用来购买价格昂贵的光栅摄谱仪。这是原子物理研究的尖端设备，可以使不同波长的光发生衍射，从而测出原子谱线变化的规律。两年后，赫维斯和考斯特就是借助这台设备发现了第 72 号元素“铪”。

嘉士伯基金会很快批准了玻尔的申请，并在以后的许多年，长期为玻尔的原子物理研究所提供赞助。人们以前只知道嘉士伯啤酒口感不错，通过玻尔传记了解到嘉士伯的善举和口碑，心中不免又多了一分敬意。

经过紧张繁忙的工作，研究所预计在 1920 年秋季建成，玻尔特地邀请恩师卢瑟福前来参加落成典礼。但是当卢瑟福到来时，才发现研究所现场还是建筑工地，因为玻尔不断修改方案，工程一改再改，耽误了进度，落成典礼只得延期举行。

1921 年初，工程总算竣工。研究所主楼是一座简朴实用的三层建筑，配有阁楼和地下层，总共有 100 多个房间，包括一个用于开会的演讲厅和若干个实验室。那个演讲厅后来举行过许多次国际学术会议。在玻尔私人办公室的墙上，挂着一幅奥斯特的油画像，这是他秉承丹麦优秀科学传统的标志。

3 月 3 日，研究所举行正式落成典礼，100 多名嘉宾出席了剪彩仪式，包括教育部部长、哥本哈根大学校长、知名物理学家和化学家、社会名流，以及嘉士伯基金会代表等。

35 岁的所长玻尔在致辞中阐述了物理学的新观念，并对所有为研究所筹建作出贡献的个人和团体表示谢意，他尤其感谢嘉士伯基金会的慷慨赞助，使研究所能够购买最重要而又昂贵的设备。

在致辞的结尾，玻尔提出了重要的办所宗旨：

“至关重要的是，不仅要依靠少数科学家的才能，而且要不断吸收相当数

新落成的哥本哈根理论物理研究所

量的年轻人，让他们熟悉科学研究的结果与方法。只有这样，才能在最大限度上不断地提出新的问题；更重要的是，通过青年人自己的贡献，新的血液和新的思想就会不断涌入科研工作。”

从研究所筹建之初，玻尔的办所宗旨即付诸实践。玻尔以他精深的学术水平和崇高的人格魅力，吸引了一批来自世界各地的优秀青年物理学家，并很快把这里变成了全欧洲的“原子物理之都”。

哥本哈根精神

gebenhagenjingshen

研究所的第一个成员，是克喇摩斯。1919 年，他通过了玻尔门下的博士论文答辩，后经玻尔推荐成为哥本哈根大学助教。这位荷兰青年物理学家一边讲课，一边投入原子物理研究，很快成为理论物理研究所的骨干。

不久汉森也来了，他一直在哥本哈根大学任教，这位曾向玻尔推荐巴耳末公式的光谱学家，满腔热情地加入了原子物理学的研究团队。

玻尔在曼彻斯特的挚友、青年物理学家赫维斯，也成为研究所的主力。在理论物理研究所剪彩之前，他和另一位英国物理学家弗兰克就被玻尔请到了哥本哈根，帮助培训实验人员。弗兰克是一位原子碰撞专家，也是玻尔的好友。赫维斯则擅长同位素研究，他在玻尔研究所干了 20 年，做了许多重要的物理和化学实验，还和荷兰青年物理学家考斯特一起，戏剧性地发现了神秘的第 72 号元素“铪”。

考斯特本来在瑞典 X 射线专家席格班手下工作，对玻尔慕名已久，1922 年 9 月来到哥本哈根，成为玻尔研究所的生力军。

就在 1922 年，还有两个不同寻常的青年决定投到玻尔的麾下。他们后来成为原子物理学领域最耀眼的两颗明星，也是玻尔原子军团中最具杀伤力的战将，在量子力学的主战场摧枯拉朽，叱咤风云，最后襄助玻尔成就大业，开辟了原子物理学的一个崭新的时代。

这两个人就是海森堡和泡利。

事情的渊源还得从哥廷根“玻尔节”说起。

1922 年初夏，玻尔应邀到德国哥廷根大学讲学。当初玻尔的原子理论曾在这里大受冷遇，九年之后玻尔却被当成了一个伟大的人物。从 6 月 12 日–22 日，玻尔在哥廷根大学一连作了七次演讲，演讲的内容为玻尔原子理论和元素周期表诠释。这个系列演讲非常成功，盛况空前，被称为“玻尔的节日演出”。

1922 年玻尔在格廷根讲学时的合影（前排坐者为玻恩）

据一位当时有幸聆听玻尔演讲的学者后来回忆，玻尔说话的声音低沉，他们年轻人又不能挤到贵宾坐的前排去，只得聚精会神地听。他们张着嘴，唯恐听漏了玻尔一句话，连午餐时间都忘了。玻尔讲的原子结构和谱线内容，比起他们在课堂学的，更涉及极为本质的东西，让人耳目一新。

这位学者叹道："今天已难以形容这是多么荣耀的大事。对我们来说，它犹如当年举办的哥廷根狂欢节！"

听众中有不少有名望的物理学家，也有许多从德国各大学慕名赶来听讲的青年学生，索末菲教授也特地从慕尼黑赶来，他还带来两个学生。

在一次演讲后的讨论会上，有一位20岁的大二学生站起来，鼓起勇气对玻尔的观点提出了反对意见，他就是索末菲教授带来的学生之一海森堡。

海森堡的意见颇为尖锐，现场不禁哗然。玻尔却很平静，在他看来这个意见是可以反驳的，但似乎触及一个有待进一步澄清的问题，玻尔饶有兴趣地打量了一眼海森堡，认定这个年轻人是可造之才。待讨论会结束，玻尔走过去对海森堡说：

"愿意和我到哥廷根城外走走吗？"

青年海森堡

海森堡很高兴地跟着玻尔到郊外散步。他后来常对人说起，这是他一生中最为重要的散步——决定他命运与成功的一次散步。他说："我的科学生涯是从这次散步开始的。"两人沿着海因山麓的林荫小路一边漫步，一边讨论海森堡提出的意见。玻尔从普朗克1900年提出量子论谈起，五年后爱因斯坦的光量子说、卢瑟福的α粒子散射实验、巴耳末谱线公式、玻尔原子模型，直到索末菲新近提出的氢谱线精细公式……

海森堡聆听着玻尔的话，时而点头，时而冷不丁地插上一句质疑，玻尔耐心地给予解答。虽然有的解释海森堡并没有完全接受，但他感到玻尔经过精心斟酌的每一个词句背后，都能够觉察一长串的思想，像珍珠一样闪闪发光，其中透射出来某种深邃的哲学观念。玻尔对海森堡的才能也非常赏识。小伙子的每一个发问，几乎都触及原子理论的要害。善于识人的玻尔看出这是一个才智非凡的青年物理学家。

整个交谈进行了大约三个小时。散完步回来，玻尔邀请海森堡到哥本哈根研究所访问。海森堡有点受宠若惊，当时就答应了。于是他们约定，海森堡毕业后到哥本哈根来工作一段时间，至于索末菲教授方面的关系，由玻尔负责去疏通。

海森堡还向玻尔推荐了一个人："我有一个朋友叫泡利，也是索末菲教授的学生，他是个天才。"

玻尔一笑："我听说了，是个神童哟。19岁为《数理百科全书》撰写'相对论原理'，轰动了整个物理学界，连爱因斯坦也赞叹不已。"

"他这次也跟索末菲教授来听讲了。"

"哦，是吗？"玻尔大喜。

泡利生于奥地利首都维也纳，父亲是大学的化学教授，母亲是一位作家。泡利从小受到良好的教育，据说著名的物理学家兼大哲学家马赫是他的教父。他很小就表现出数学才能，中学毕业以后进入慕尼黑大学，师从大数学家和物理学家索末菲教授，现已得到博士学位，是个有名的天才人物。

玻尔求才若渴，立即找到泡利。泡利比海森堡大一岁，是个小胖子，长得圆头圆脑，一双眼睛大得出奇。玻尔盛情邀请他到哥本哈根研究所来工作一年。

泡利这家伙散漫成性，他满不在乎地回答说："我得考虑考虑，哥本哈根的科研工作难不倒我，就是丹麦话的发音太难学了！"

玻尔笑了："都说你是个天才，丹麦话肯定难不倒你。"

青年泡利

泡利也笑了。玻尔的激将法很奏效，“天才”一口答应了去哥本哈根。当年秋天，他就来到玻尔研究所，从此泡利成为玻尔的亲密助手、“哥本哈根学派”中最重要的成员。据泡利后来回忆,到了哥本哈根后，他才发现学丹麦语并不太难，倒是量子理论问题让他伤透了脑筋,也正是这些难题，鞭策着他后来作出了量子力学的重大发现——“泡利不相容原理”。

对玻尔来说，这次哥廷根之行最大的收获就是遇到了海森堡和泡利两个人才。

海森堡比泡利来得稍晚些。他在获得博士学位后,又给哥廷根大学的玻恩教授做了几个月的助教,于1924年9月来到哥本哈根研究所工作。玻尔这时为他申请到了洛克菲勒国际教育基金的奖学金。

海森堡刚到研究所时,发现这里天才云集,来自荷兰的克喇摩斯、考斯特,来自匈牙利的赫维斯,来自美国的尤里,来自挪威的罗西兰,来自俄国的伽莫夫,还有他的朋友、来自奥地利的泡利,个个都是才华横溢。他们操着流利的丹麦语或者英语,讨论科学、艺术与诗歌,谈笑风生,妙语连珠,而且每个人都能以高超的技巧演奏各种乐器。这些同道在原子理论方面的造诣,也比自己高明许多。只有自己不会丹麦语,英语也说得很蹩脚,唯一的特长是用钢琴弹奏巴赫的《随想曲》。玻尔也喜欢音乐,在海森堡弹奏巴赫时,就给他打拍子助兴。大家对新来的小兄弟丝毫不见外,真诚地欢迎他加入团队。泡利更是积极地向他传授学丹麦语的诀窍。很快,海森堡就融入了“哥本哈根国际大家庭”,从这里开始了他的辉煌人生。

这个国际大家庭的中心人物,当然是玻尔。玻尔是一位导师加领袖型的科学家,他在学术上是睿智超群的带头人,在事业上是能干的组织者和领导,在研究中是不知疲倦的工作狂。他豁达乐观,平易近人,而且幽默风趣。他尊重不同意见,爱惜人才,对青年科学家爱护备至。他主张在科研中发挥团队作用,积极倡导国际合作,因此被誉为“科学国际化之父”。

玻尔以他的博大精深和独具的亲和力,在研究所中营造出一种“使人感到繁忙、激动、活泼、欢快、无拘无束、和蔼可亲”的气氛。

多年后,玻尔的苏联学生朗道曾问他:“你有什么秘诀把那么多有才华的青年物理学家团结在身边的?”玻尔答道:“没有什么秘诀,因为我不怕在他们面前承认自己是傻瓜。”正是这种独特的、浓厚的、平等自由的讨论和相互紧密合作的学术气氛,形成了被传为科坛佳话的“哥本哈根精神”。玻尔的学生有7人获得诺贝尔奖,算上他的儿子奥格应该是8人获诺贝尔奖,他的研究所因此被称为“诺贝尔奖的幼儿园”。

在玻尔的率领下,哥本哈根理论物理研究所很快成为与英、德齐名的国际学术中心,它被许多物理学家誉为“物理学界的朝拜圣地”。

解读元素周期表

jieduyuansuzhouqibiao

随着原子结构研究的深入,玻尔对元素周期表理论进行了总结,取得巨大成功。1921年10月,在哥本哈根举行的物理学会化学会联席会上,玻尔发表了题为《各元素的原子结构及其物理性质和化学性质》的重要演讲,后译成英文和德文,成为原子物理学史上的重要文献。

在这篇论文中,玻尔引入了“对应原理”和“组建原理”,对元素周期表的规律进行了合理的诠释。这是一个划时代的贡献。泡利后来就是在玻尔理论的基础上,提出了著名的“泡利不相容原理”。

元素周期表是俄国化学家门捷列夫19世纪60年代发现的。

门捷列夫1834年生于俄国西伯利亚的托博尔斯克,父亲因为思想激进和同情十二月党人被沙皇贬到西伯利亚,在一个偏僻小镇当中学教师。后来父亲因患白内障双目失明,由母亲照料全家和一个工厂。门捷列夫7岁就进中学读书,从小喜欢物理学和数学,成绩优异。中学毕业后,母亲变卖家产带着他远道去莫斯科、彼得堡求学。几经曲折,门捷列夫最后考上彼得堡师范学院,母亲也在同年因操劳过度去世。在读大学期间,英国著名化学家道尔顿的原子论、瑞典化学家柏采利乌斯的电荷学说,引起门捷列夫的极大关注。1856年门捷列夫获得化学硕士学位,在彼得堡大学任化学副教授。后来到德国海德堡大学从事化学研究,发现了液体沸腾的绝对温度,即"临界温度"。1865年门捷列夫获博士学位,任彼得堡大学化学教授。

门捷列夫在编撰讲义《化学原理》时,对各种元素的性质进行分析。当时人们已发现了63种元素。1869年2月,为了让学生们便于学习,门捷列夫想把这些元素整理归纳成一个系统的表。

他把当时已经知道的63种元素分别记在63张卡片上,每张卡片上详细记下该元素名称、原子量、化合物的化学式和主要性质。他把这些卡片排成长列摆在书桌上,像玩扑克牌一样,不时改变卡片的排列顺序,反复捉摸这些元素的性质变化有什么规律性。起初,他把卡片排成三组,按原子量大小排列,但是看上去却杂乱无章。后来,他打乱了这种组合,再试用其他方式排列,颠来倒去,都毫无结果。经过苦苦思索和许多个不眠之夜,有一天,他试着按照原子量逐渐增大的顺序把它们排成几行,再把各行中性质相似的元素排成横列,当他定睛看时,不禁激动得双手颤抖!

眼前出现了意想不到的情形:每一行元素的性质,都是按照原子量的增大而从上到下逐渐变化的;而每一列元素性质都是相似的。这清楚地表明了——元素的性质周期性地依赖于它们的原子量!

3月，门捷列夫在物理化学年会上发表了他的元素周期表，引起了科学界的轰动。门捷列夫不仅把63种元素按照其原子量的递增及化学性质的变化排成了一个周期，显示出内在联系的规律性，而且还在表中留下了空白，预言这些空位中的新元素，他推断将会发现原子量大约等于44、68和72的三种新元素，它们的性质分别类似硼、铝和硅。门捷列夫替它们取名类硼、类铝和类硅。果然，四年后法国化学家布阿勃朗发现了被称为“类硼”的镓；又过了六年，瑞典人发现了“类铝”的钪；七年之后，德国人芬克勒找到了门捷列夫预言的第三个元素“类硅”——这就是锗。

门捷列夫

门捷列夫还根据周期表的规律，修正了铀、铟、铈等元素的原子量，后来陆续为实践证明是正确的。元素周期率作为大自然的基本定律，揭示了物质世界的秘密，对现代物理学和化学的发展有很大的促进作用。

但是门捷列夫元素周期表的每一个格子中，究竟隐藏着什么奥秘，为什么元素的性质会随着原子量的递增呈现出周期性的规律，却一直是个谜。

19世纪的最后几年，物理学界接连发生了几件惊天动地的大事：

1895年，德国的伦琴发现了X射线；

1896年，法国的贝克勒尔发现了放射性；

1897年，英国的汤姆逊发现了电子。

这些重大发现都与物质的结构有关，它们仿佛是造物主在新旧世纪之交向人类传递的一组神秘的信息，向世界透露德谟克利特说的小小原子并不简单啊！这促使科学家们在惊喜和困惑之际，对原子的结构进行全新的思考和探索。

由卢瑟福和玻尔共同建立的新原子结构理论，终于揭开了原子的神秘面纱。原来原子并不是不可分的最小微粒，它由原子核和绕核旋转的电子层组成,而这些电子遵循着某种特定的量子规律！在深入的研究中,玻尔和同事们发现,原子的结构与性质和元素周期率竟有着血缘上的联系。尤其是卢瑟福的学生莫利斯,对揭示元素周期表的“格子”的本质起了重要的作用。

玻尔在《各元素的原子结构及其物理性质和化学性质》中指出,在周期表中元素性质呈周期性变化,与各元素原子中的电子构成方式是密切相关的。通过对所有元素的光谱进行一系列对比观察,就能根据周期表中的顺序,推知每个原子中的电子结构:如它们分成几组或几个“壳层”，每一组或一个“壳层”内包含某一数目的电子。玻尔由此证明,在周期表中各元素的性质之所以呈周期性变化,其根本原因在于:各元素原子中的电子结构(有几个“壳层”,每个“壳层”的电子数目)呈周期性变化——因为一个原子中的不同电子组或“壳层”,只能各自包含固定数目的电子。玻尔采用“组建”的办法,从核电荷为 1 的最简单的氢原子开始,逐一地(增大核电荷数)考虑了各种元素原子的电子轨道的构成,从而对元素周期表的排列规律作出了比较圆满的解释。

即便是对一个简单原子中的电子运动进行轨道计算,也是非常复杂的事。那么要对所有多电子原子中电子“壳层”的分配进行计算,在没有巨型计算机的当时是不可思议的事。玻尔采用的是“猜测”(科学直觉),再加上合理的推断,而不是硬算,这是他的高明之处。爱因斯坦曾称赞他说:“很少有谁对隐秘的事物具有这样一种直觉的理解力,同时又兼有这样强有力的批判能力。”

玻尔理论对元素周期率的成功诠释，是对原子物理学和化学研究的双重贡献,在学术界产生了轰动性的影响。许多欧洲同行看了论文,以为玻尔删减了复杂的计算过程,纷纷来函索要计算方法。有的朋友戏言道:“玻尔已经掌握了原子结构的全部秘密。”他的那些年轻弟子们则兴高采烈地开玩笑说:“这不是物理学吞并了化学,就是物理学本身变成了化学。”

KEXUE JUREN DE GUSHI

创立量子力学

荣获诺贝尔奖

ronghuonuobeierjiang

1922年11月10日那天，玻尔收到瑞典皇家科学院秘书奥瑞维留发来的电报,通知他获得本年度的诺贝尔物理学奖。

富有戏剧性的是,就在同一天,爱因斯坦也接到瑞典皇家科学院的通知,告知他获得1921年度的诺贝尔物理学奖,当时爱因斯坦正在赴日本访问的途中。爱因斯坦怎么会在1922年才接到1921年年度的获奖通知呢?这里面有个小小的插曲。从1910年起,爱因斯坦就被提名为诺贝尔物理学奖的候选人,之后,他又获得多次提名。1919年爱因斯坦的广义相对论获得巨大成功后,他在科学界的名声如日中天,授予爱因斯坦诺贝尔奖的呼声更加高涨。瑞典皇家科学院的评委们颇费了一番神。到了1921年,评委们终于决定,将这个年度的诺贝尔物理学奖授予相对论的发现者爱因斯坦。但在准备评选文件时,由于执笔人(也是一位诺贝尔奖获得者)的疏忽,在文章里包含了对相对论明显的误解,结果评委会讨论时引起混乱,意见统一不了,最后作出决定,把1921年的诺贝尔奖延后到下一年。一年之后,也就是1922年11月9日,瑞典皇家科学院通过决定:授予爱因斯坦1921年度的诺贝尔物理学奖,理由是“由于他在光电效应和理论物理学方面的研究”;同时把1922年的诺贝尔物理学奖授予给37岁的玻尔,以表彰他对原子结构和原子辐射研究的贡献。

1922年11月10日,《纽约时报》发了一条简讯:

爱因斯坦获诺贝尔奖

诺贝尔委员会宣布授予爱因斯坦1921年度物理学奖,因为相对论;而1922年的该奖则授予哥本哈根的尼尔斯·玻尔。

玻尔得到喜讯的当天,就给爱因斯坦写信,向这位大师表示祝贺。玻尔在信中真诚地说:

"外界的承认在您看来不会有任何意义……而对我来说,能和您同时被考虑授奖就是一种最大的荣幸和喜悦……我知道我是多么不够资格,但是我愿意说,我觉得很幸运的是,您在我所从事的特殊领域中的基本贡献以及卢瑟福和普朗克所作的贡献,都在我被考虑授此荣誉之前得到了承认。"玻尔是指卢瑟福、普朗克和爱因斯坦在自己之前获得诺贝尔奖。

爱因斯坦的回信充满了情谊:"您的来信我收到了,可以毫不夸张地说,它和诺贝尔奖同样使我高兴。我觉得特别感动的就是您担心会在我之前获奖,这确实是'玻尔式'的担心。您关于原子的新探索一直在旅途中陪伴着我,而且它们使我对您的思想的喜爱越发强烈了。"

两位科学英雄之间的互相敬重和惺惺相惜,尽在字里行间。

颁奖仪式于1922年12月10日在斯德哥尔摩的蓝色音乐厅大礼堂举行。12月10日是诺贝尔逝世的纪念日,因此被定为诺贝尔奖的颁奖日。会场里座无虚席。

下午四点三刻左右,身材瘦高的瑞典国王古斯塔夫五世和皇后步入音乐厅,全场起立致敬。穿着黑色礼服的诺贝尔获奖者紧随其后,然后在主席台上就座。五时,授奖仪式正式开始。全场起立,皇家歌剧院乐队奏瑞典国歌。

在主席台上,获奖者依次端坐在雕花的高背皮椅上,全神贯注。玻尔挺直了腰,心情激动。他的丹麦同胞已有四位获得过诺贝尔奖,但他是第一个获得诺贝尔物理学奖的丹麦人,他为祖国丹麦而骄傲。在他的右边,依次坐着诺贝尔化学奖得主、英国的阿斯顿(他也是卢瑟福的学生),以及文学奖得主、西班牙作家马丁内斯。

乐队奏起莫扎特的童话歌剧《魔笛》序曲，庄重肃穆的和弦声在大厅里回旋，全场掌声雷动。然后，由诺贝尔基金会主席讲话，宣布颁奖典礼开始。

乐队再次奏起门德尔松的《仲夏夜之梦》中的谐谑曲，轻松欢快的曲调在空中荡漾，仿佛森林中的小精灵们在细语和嬉戏。

接着，由诺贝尔奖物理委员会主席、诺贝尔物理化学研究所所长阿瑞尼乌斯站起来，宣布颁发物理学奖。他先宣布的是爱因斯坦获得 1921 年度的物理学奖，爱因斯坦并没有到场，由德国驻瑞典大使阿道耳尼作为代表。接着，阿瑞尼乌斯宣布玻尔获得 1922 年诺贝尔物理学奖，他庄重地对玻尔说：

"您的伟大成就已经证明您找到了通往真理的正确道路，而您在这样工作时建立起的一些原理把科学引向了最辉煌的进展，并且预示着未来工作的丰硕成果。"

在一片欢腾声中，玻尔从瑞典国王古斯塔夫五世手中接过诺贝尔奖章和证书。接下来领奖的，是化学奖得主阿斯顿，然后是文学奖获得者、西班牙作家马丁内斯。

当天晚上，在市政厅举行传统的晚宴和舞会，出席晚宴的都是皇室成员、政界显要、社会名流、著名学者和诺贝尔获奖者及他们的夫人们。宴会前，由获奖者发表简短的演说。玻尔在祝酒时，特别提议"为了科学进步方面的国际合作的发扬光大而干杯"。他在演说中说：

> 我由衷地想到强调科学的国际性，而诺贝尔的伟大基金正是建筑在这一点上的。这对我来说是很明显的，因为我曾经有幸对物理学作出的微末贡献，就是把我们不同民族对探索自然的贡献结合在一起之故，而那些民族的成就是建筑在非常不同的科学传统上的。

他的发言获得了全场热烈的鼓掌。

希望的春天

xiwangdechuntian

获得诺贝尔物理学奖，是玻尔人生旅途的一大亮点，但是玻尔并没有满足。

他明白,自己建立的原子理论还只是初步的。他的原子模型只能解释只有一个电子的原子模型,如氢原子、氘原子或电离的氦原子等结构简单的元素,对于有两个核外电子的普通氦原子和更复杂的原子,就无能为力了。而且对于一个电子的原子来说,玻尔模型能够说清的也仅仅是谱线的频率,至于谱线的强度、宽度或者偏振问题,也解释不了。这说明人类对原子奥秘的探索,还有许多难关要闯。

转眼之间,两年过去了,正如玻尔在诺贝尔演讲结尾所说的,理论研究仍然有许多根本性的问题亟待解决。当时还有一个问题困扰着研究者们，就是“反常塞曼效应”。玻尔与索末菲成功地解释了“斯塔克效应”和“塞曼效应”,既谱线在电场和磁场中的分裂现象。科学家们不久就发现了谱线在弱磁场下的一种复杂分裂，即一条谱线分成几条间距靠近的谱线，称作“反常塞曼效应”。这种现象要求引进值为 1/2 的量子数,玻尔的理论解释不了。据说,有一天一个朋友看见泡利坐在哥本哈根公园的长椅上发愣,表情很沮丧,就问他遇到什么不开心的事了。泡利没好气地答道:“当一个人想起‘反常塞曼效应’的时候,他能高兴起来吗？”

云集在玻尔研究所的来自世界各地的青年物理学家们，试图冲破这些难关,但是一筹莫展。人们似乎觉得物理学走入了死胡同。

派斯在《尼尔斯·玻尔传》中，用狄更斯小说《双城记》中的一句话来描述当时物理学家们面临的状态：

这是希望的春天，这是绝望的冬天。

直到泡利提出他的不相容原理后，“反常塞曼效应”难题才算解决。1924年，泡利终于找到了“不相容原理”，这一原理可以圆满解释“反常塞曼效应”的成因。根据这一原理，泡利精辟地指出，没有两个电子能够享有同样的状态，而一层轨道所能够包容的不同状态，其数目是有限的，也就是说，一个轨道有着一定的容量。当电子填满了一个轨道后，其他电子便无法再加入到这个轨道中来了。泡利经过反复推敲，最终把它精练地表述为：“在一个原子当中，绝不可能存在两个或多个等价电子，因为这些电子在强场中所有量子数 n、R1、R2、m 都取同值。”这个原理可以简单表述为：一个原子中，任何两个轨道电子的4个量子数不能完全相同。

泡利的不相容原理是量子力学的主要支柱之一，也是现代物理学的一条最基本的定律。科学家可以利用泡利引入的第四个、表示电子自旋的量子数，把各种元素的电子按壳层和支壳层排列起来，并根据元素性质主要取决于最外层的电子数（价电子数）这一理论，对门捷列夫元素周期律给予科学的解释。泡利因为这一贡献后来获得1945年的诺贝尔物理学奖。

就是在泡利提出“不相容原理”的前后，海森堡来到哥本哈根，这是1924年9月。他很快适应了研究所的环境，进入角色。在房东大娘的帮助下，他仅用了三个月就学会了说丹麦话，除了日常生活用语，一般的学术讨论也能对付。

这段时间，海森堡与玻尔和师兄克喇摩斯一起讨论了光的色散理论，还和克喇摩斯联名撰写了一篇论文。

在研究中,海森堡感到玻尔的原子模型不可能在实验中得到理想的证实,因为玻尔理论是建立在一些不可直接观察或不可测量的量上的,如电子在原子中的位置、运动的速度和轨道等。就拿电子轨道来说,图上画的是一个个圈圈,其实不过是一种主观的“臆测”罢了,谁也没见过这些“轨道”究竟是什么样,仪器也测不出来。海森堡与玻尔讨论过这个问题,但是没有得到解决。他又与泡利切磋,泡利也有同感,于是,海森堡开始深入地考虑这个问题。他认为,既然在实验中不可能找到那些根本无法观察到的原子特征,那么,就应该只探索那些可以通过实验测定的数值,例如原子的能量、原子辐射的频率和强度等等。这样,在计算某个数值时,可以利用观测到的数值之间的相互比值和通过一些可以测量的参数,再经过严密抽象的计算,就能够描述和掌握原子内部的特征。这样一来,玻尔原子理论的困惑就能迎刃而解了。

克喇摩斯

从 1924 年—1927 年,海森堡往返于哥本哈根和哥廷根两个学术中心之间,其中大部分时间是在哥本哈根理论物理研究所给玻尔作研究助手。这段时间是青年海森堡学术生涯的巅峰时期,他同时师从了慕尼黑、哥廷根、哥本哈根三大物理学派的大师索末菲、玻恩和玻尔,用他自己的话说:“我向索末菲学到了乐观主义,从哥廷根人那里学到了数学,从玻尔那里学到了物理学。”如今海森堡置身于哥本哈根自由激烈的学术争鸣氛围中,他的天赋和潜能得到最大限度的激发,终于后来居上,第一个登上了新量子力学的高峰。

为了克服玻尔—索末菲诠释的缺陷,海森堡展开了深入细致的研究工作。

1925 年初夏,海森堡得了严重的花粉过敏症,这段时间他正在哥廷根大

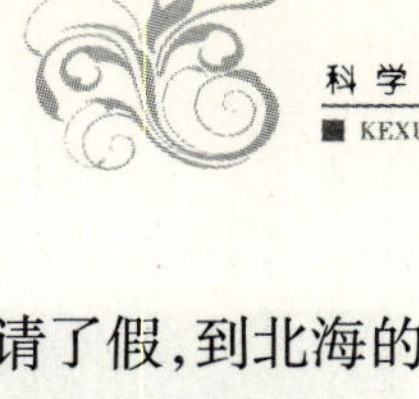

学工作，于是向玻恩教授请了假，到北海的黑尔戈兰岛休养了两周。这个小岛距德国北部大陆不远，再往北就是丹麦以西海域了。登上小岛时，海森堡的眼睛肿胀，脸上包着厚厚的纱布。房东大婶见他一副惨相，还以为是头天晚上和人打了架，安慰他道："只要在我这儿安心调理，很快就会康复的。"

海森堡道谢之后，住进三楼的一间小屋。打开窗户，可以俯视岛南的美丽港湾，一群海鸥在浪花上嬉戏翻飞。海森堡闭上眼睛，深深地吸了一口海风，心头默默念道："愿上帝给我钥匙。"按玻恩后来的话说，海森堡就是在这个房间里，"找到钥匙，打开了关闭已久的大门，将我们隔在原子法则王国外面的正是这扇大门"。

海森堡关起门来，不受任何干扰，一个人静心地思索原子理论问题。他的思路在玻尔—索末菲量子条件的云霞中风驰电掣、天马行空……要建立一种玻尔哲学所主张的"只有能观察到的事物才是有意义的物理学"，必须有一种新的稳固的基础，去取代老量子理论晃动的支柱……

那应该是什么呢？

他苦苦地思索着，希望从数学中寻找到新武器。海森堡后来在自传里说，那段时间他根本就不想睡觉，每天用三分之一的时间来计算量子力学，三分之一的时间攀岩，余下的时间就背诵歌德的诗集。他当时一门心思想的，就是要让旧理论完全让位于新理论。除散步外，他一直在思考解决问题的数学手段。几天后，他终于找到了在物理中能够观察到的那个量，它可取代老理论中的量子条件，于是，海森堡彻夜不眠地进行计算。

直到次日凌晨三点左右，计算的最后结果出现在他的面前……刚开始，海森堡异常震惊……直到明白了——这就是上帝交给他的钥匙啊，一阵狂喜不禁袭上心头。他感到自己仿佛透过原子的表层，看到了深藏的本质所表现出的奇特的内在美……海森堡激动得睡不着觉，于是离开房间，在岩石顶上等待日出。

海森堡在新方案中采用了特别代数方法，这种计算是不具交换律的，即两个量的乘积决定于它们相乘的次序。实验中的光谱线及其强度可以用这种方法进行精确的计算，让玻尔长期困惑的问题迎刃而解。

杨振宁评价说："它带来了无疑是人类历史中在伟大的智力成就之一的新科学，即量子力学……对于这一震惊世界的成就，或者对于这一成就的应用后果，怎么讲都不能算是夸张。"

这是海森堡生命中最重要的突破。一轮红日从海平面上喷薄欲出，暗蓝的海面上闪烁着粼粼金光，从这一刻起，物理学的黎明也终于来到了……

海森堡后来回忆当时的感受：

> 当你爬什么山时……你有时……想登上某一山峰，但是到处都是雾气……你虽然有一张地图或别的东西指示你可能要去的地方，但是你却在雾中完全迷路了。突然间，你在迷雾中模模糊糊地看到了一些细微的东西，于是你说："噢，这正是我要找的岩石。"就在你看到它的一瞬间，整个图景完全改变了……

海森堡从黑尔戈兰岛回到哥廷根，把两个量没有互换性的计算结果交给了导师玻恩教授。玻恩看了他的计算，完全被迷住了。他发现海森堡使用的数学方法，就是矩阵代数，而海森堡自己并没有意识到。玻恩的数学造诣是非常高的，在读大学时他就知道矩阵代数了，于是，他和自己的另一个学生、数学尖子约尔丹一起，把海森堡的计算重新处理了一遍。最后，三个人通力合作，得到了一个完美的矩阵方程。在这个新的体系中，"轨道"的概念被摒弃了，使用的是可以观测到的量。只不过，它们的物理概念当时还不是很清楚。海森堡宣布量子力学的论文发表在7月的《物理学报》上，他在摘要中开宗明义写道："本论文企图把理论量子力学的基础毫不例外地建立在原理上可观察的那些量的

关系上。”宣布向旧的量子理论告别。接着,又有玻恩和约尔丹的论文《论量子力学》,海森堡、玻恩和约尔丹三人联名的论文《关于运动学和力学关系的量子论的重新解释》,相继发表在9月和11月号的《物理学报》上。

从此,人们找到了原子微观结构的自然规律。

杨振宁说:“这三篇文章世称‘一人文章’、‘二人文章’及‘三人文章’,合起来奠定了量子力学的数学结构。”被称为矩阵力学。

爱因斯坦评价道:“海森堡下了一个巨大的量子蛋。”

创立新量子理论的第一枪终于打响了。

舌战薛定谔

shezhanxuedinge

一旦大门打开,各路英雄你追我赶地闯进了神秘的原子法则王国。除了海森堡本人,德国的玻恩、约尔丹,瑞士的薛定谔,英国的狄拉克,都相继发表了许多重要的论文。

哥本哈根的师兄弟们也快速反应地行动起来,泡利经过艰苦不懈的努力,一举从海森堡的方程推导出了巴耳末公式!这就证明了海森堡矩阵方程的正确性。难怪杨振宁赞叹说:“泡利以雷霆万钧之力证明了海森堡的力学确实正确地给出氢的光谱,这对所有追随海森堡的人来说是一种极大的精神鼓舞。”

玻尔获悉海森堡的研究成果,非常高兴,他在8月哥本哈根举行的一个数学年会上宣布,“最近,海森堡……在量子理论方面迈出了或许是非常大的一步”。后来在给卢瑟福的一封信中,玻尔更是兴奋地说:“由于海森堡最近的工作,一些前景已经一举实现了,那些前景长期以来一直处于我们愿望的中心,虽然它们只是很模糊地被把握到……”

可是,正当哥本哈根为海森堡的量子力学欢欣鼓舞的时候,从瑞士传来一个惊人的消息：苏黎世大学的薛定谔教授提出了量子力学的波动方程。

德布罗意

薛定谔是奥地利人，比玻尔小两岁，是物理学界有名的风流才子。他精通数学，喜欢文艺和谈情说爱，艳诗写得比物理学论文还好。在1924年法国有一个贵族学者德布罗意王子在博士论文中，提出了所谓的“波粒二重性”假设——既然爱因斯坦1905年认为光波在特定情形下可像粒子一样运动，那么粒子（如原子中的电子）在某种情况下不也可以像波一样运动吗？德布罗意由此推导出，当电子前进时，本身必定伴随着一个波。他的电子波理论对量子力学的创立有着重大贡献。薛定谔接受并发展了德布罗意的观点，认为电子不是一个围绕在原子核周围不定位置的点，而是一种以确定能级停留在核周围的驻波。据说1925年圣诞节，薛定谔到阿尔卑斯山度假时，邂逅了一位神秘女郎，两人坠入爱河，薛定谔潜藏的灵感在这次罗曼蒂克中受到极大的激发。回苏黎世后他一直处于创造力的巅峰状态，潜心计算，一发而不可收，先后完成了六篇有关量子力学的论文。在论文中，薛定谔提出了一个微分方程式，成功地描述了电子绕原子核的运动是一种波。这就是著名的薛定谔波动方程。

这个传说有点奇，然而更奇的是，人们后来发现薛定谔提出的波动方程和海森堡的矩阵公式竟然是等价的——两者的物理概念迥然不同，但在数学上却是完全可以互相转换的。

薛定谔的波动方程简明、形象，似乎更容易理解，它不像矩阵那样稀奇古怪，尤其是与经典理论颇有同声相应之感，因此一出台就得到了学术界的认

薛定谔

可。普朗克称赞薛定谔的波动方程是“划时代的工作”。爱因斯坦也很欣赏薛定谔的成果:“您的著作的构思证实了真正的独创性。”

然而哥本哈根和哥廷根方面的反应,却不以为然。在薛定谔的波动力学中,薛定谔完全舍弃了电子是一种“粒子”的概念,他认为电子仅仅是围绕原子核的某种带电的波,而原子核本身也是一种波。他们认为薛定谔的解释是经典物理学的一种倒退。玻恩教授一针见血地指出,薛定谔方程的波函数 Ψ 的物理含义,看起来是“波”,其实是电子出现的“概率”。玻恩认为,波函数只是一种存在于数学空间中的几率波,而不是如它的发现者——薛定谔所认为的那样,是存在于真实空间中的物质波。

海森堡写信给泡利说:“我越是思考薛定谔理论的物理意义,就越感到厌恶……我觉得它是废物……请原谅我的这种放肆的说法。”

薛定谔也不示弱,他在论文中宣称:“我的理论是从德布罗意和爱因斯坦那里获得灵感的。我不知道它和海森堡有任何血缘关系……我当然知道海森堡的理论,但却被它那种艰深难懂的超级代数法吓住了。我即使不完全排斥这种理论,至少也对此感到沮丧。”

平心而论,矩阵力学的模样和内涵的确比较“艰深难懂”,就连和海森堡同岁的意大利青年物理学家费米,最初也觉得不好理解。25 岁的费米当时刚刚就任罗马大学教授,他运用泡利的“不相容原理”解释气体中原子的行为,提出了量子统计学中著名的“费米统计法”。

显然,海森堡的矩阵力学是玻尔理论和学派的后继和发展,薛定谔的波动力学却是从德布罗意和爱因斯坦获得启发的。两者血缘不同,泾渭分明,因此

势不两立。

为了弄清薛定谔的观点,玻尔于 1926 年 9 月特地邀请薛定谔来哥本哈根访问。海森堡这时已回哥本哈根工作,接替克喇摩斯。

薛定谔的此次哥本哈根之行,成了量子力学史上有名的论战之旅。薛定谔到达的那天,玻尔特地到哥本哈根火车站接他。从在月台上握手那一刻起,两人就开始了争论,争论的焦点集中在:玻尔不同意薛定谔用经典物理概念来诠释量子力学的任何企图;而薛定谔既不承认量子跃迁,也不承认海森堡的矩阵力学。

玻尔待人一向是亲切体贴的,但这次因为涉及重大的量子理论原则,他却一反常态,表现出一种不达目的绝不罢休的犟劲,在讨论中他毫不让步,非要与薛定谔辩个水落石出不可。

辩论双方,一客一主。薛定谔面孔清瘦,戴着一副圆框眼镜,典型的书生模样;玻尔则是一张轮廓分明的长脸,长着一个咄咄逼人的大鼻头。玻尔安排薛定谔住在家里,当然是为了更好地款待客人。两人的争论从早到晚不间断地进行着,但是两位物理学家谁也说服不了谁。面对玻尔排山倒海般的攻势,后来,薛定谔渐渐只有招架之功了。

鏖战两天之后,薛定谔病倒了。过度的紧张疲劳,再加上水土不服,导致这位物理学怪才浑身发热,只能躺在床上静养,由玻尔夫人玛格丽特照料他,给他端茶送饭。而玻尔则坐在床边,继续轻言细语地对他说:

“你得承认,你的物理解释是不充分的……”

“你必须领会,量子力学应该是……”

玻尔的“疲劳战术”终于逼得薛定谔就范。

薛定谔最后无奈地说:“如果这个该死的量子跃迁必须保留的话, 我真后悔竟然和量子理论搅在了一起。”

玻尔笑眯眯地答复他:“但是,我们都很感谢你和它搅在了一起,你的波动

力学把量子理论推进了关键性的一步。”

狄拉克的贡献

dilakedegongxian

真理往往是越辩越明。玻尔与薛定谔的争论，对进一步澄清玻尔原子理论和海森堡的思想起了重要作用。在薛定谔访问哥本哈根以后的几个月，对量子力学的物理诠释成了玻尔和同事们所有谈话的中心议题。实际上，玻尔这时已经在考虑：如何让粒子概念和波的概念共存，它们既同时存在，又是互斥的。他在给一位朋友的信中写道：“我们从薛定谔的来访中得到了很大的愉快……和他讨论以后，我非常想写一篇处理量子理论之普遍性质的论文了。”

这导致玻尔 1927 年提出了著名的“互补原理”，也促使海森堡几乎在同一时间提出了“测不准原理”。

就在这个时候，一个沉默寡言的剑桥年轻人狄拉克来到了哥本哈根。

狄拉克 1902 年 8 月 8 日出生于英国布里斯托尔，比海森堡小一岁，父亲是位刻板的法语教师。父亲对小狄拉克管教甚教，在家只准他说法语。狄拉克儿时备受压抑，性格内向，也养成他后来惜言如金的独特风格。杨振宁教授称赞他说：“这就是狄拉克的特点：话不多，而含有简单、直接、原始的逻辑性。一旦抓住了他独特的、别人想不到的逻辑，他的文章读起来便很通顺，就像‘秋水文章不染尘’，没有任何渣滓，直达深处，直达宇宙的奥秘。”狄拉克从小具有数学天赋，19 岁毕业于布里斯托尔大学电机工程专业，21 岁成为剑桥大学圣约翰学院的数学物理研究生。狄拉克在剑桥学习过玻尔的原子理论，对玻尔非常景仰。海森堡 1925 年访问剑桥时，狄拉克受其矩阵力学影响，转向研究量子力学。1926 年 9 月，就在薛定谔来访前后，狄拉克应玻尔邀请来到哥本哈根工作，成为玻尔军团最年轻的生力军。

狄拉克在哥本哈根只待了半年，但就这半年时间的磨砺和修炼，使他在量子力学研究上作出了惊天动地的贡献。狄拉克用一个量子力学的普遍公式，把海森堡的矩阵力学和薛定谔的波动力学统一了起来。它就是有名的“狄拉克方程式”——$[pc\alpha+mc^2\beta]\psi=E\psi$，其中 p 是动量，c 是光速，m 是电子的质量，E 是能量，ψ 是波函数；α 和 β 是狄拉克引进的新概念。杨振宁教授评价说：“这是一个非常简单的方程式，可是这个方程式有不得了的贡献，它奠定了今天原子、分子结构的基础。狄拉克还预言了正电子的存在。”

狄拉克

由于狄拉克对量子力学的贡献，他与薛定谔共同获得了1933年的诺贝尔物理学奖。海森堡（1932年）、泡利（1945年）、玻恩（1954年），以及德布罗意（1929年）等量子力学的先驱人物，也都当之无愧地成为诺贝尔物理学奖的得主（括号内为各自获奖的时间）。这些都是后话。

狄拉克的贡献，为创立量子力学的英雄时代画上了一个句号。

奥本海默曾这样描写这个不寻常的时代：“对于那些参与者，那是一个创新的时代，自宇宙结构的新认识中他们得到了激奋，也尝到了恐惧，这段历史恐怕永远不会被完全记录下来。要写这段历史须要有像写奥迪帕斯或写克伦威尔那样的笔力，可是由于涉及的知识距离日常生活是如此遥远，实在很难想象有任何诗人或史家能胜任。”

在这个轰轰烈烈的大时代里，正是来自世界各地的一代理论物理学家们，在以玻尔为领袖的先驱人物索末菲、海森堡、玻恩、泡利、狄拉克带领下，竭诚合作，开辟了通往量子力学的康庄大道。

KEXUE JUREN DE GUSHI

上帝不会掷骰子

硬币的两个面

yingbideliangge mian

薛定谔垂头丧气地离开了哥本哈根，他留下的题目却像梦魇一样困扰着大家。“电子时而像粒子,时而像波”,成了让人头痛的一个悖谬。

尽管已有了矩阵力学和薛定谔方程各自独立的数学方案，而且知道了它们是等价的,但是“波象和粒象同时存在的怪现象并没有解决,它们只是被湮没在数学公式中了”。海森堡后来回忆道。这个问题不解决,所有的工夫将是白费。

谁能回答——“电子究竟是粒子还是波呢?如果我们对它进行这样或那样的测量时,它的表现又是怎样的呢? ”

在整个冬天里，玻尔和海森堡深入地讨论了这些问题，但仍然得不到答案,而且师生俩的观点不同,争论得很厉害。讨论越深入,悖谬越显得突出。在海森堡看来,两人就像从某种溶液中一点一点地浓缩毒物的化学家那样,他们也试着浓缩悖谬的毒性,然而,解毒的药却始终找不到。海森堡顽强地捍卫矩阵力学的立场,坚持粒子概念是量子力学的唯一诠释,对薛定谔理论绝不作任何让步。玻尔却认为,或许应该考虑粒子概念和波概念同时存在,二者虽然是互斥的,但是为了对原子作出完备的描述,它们却是必要的。

玻尔和海森堡经常讨论到深夜,两人争得相持不下,每次都没有结果。讨论结束后,海森堡走出研究所大楼,茫然若失地到旁边的法拉德公园溜达,望着黑黢黢的夜空,脑海里不断地重复着一个问题:大自然真像我们在原子实验中看到的那样荒谬么?

到后来,他们都彻底累坏了。1927 年 2 月末,玻尔决定到挪威去滑雪,好

让双方的情绪都放松一下。

海森堡一个人留在哥本哈根,他正好可以重新调整思路,在从容的精神状态下潜心思考。一天夜里,他在法拉德公园里散步。天上繁星点点,万籁俱寂。海森堡在冥冥中想到了爱因斯坦的一句话，那是年前在柏林爱因斯坦和他交谈时曾说过的:“只有理论才能决定人们可以观察到什么。”

海森堡意识到,也许问题的答案就在这句话中。他停住脚步,凝视着参天的山毛榉树枝,心想:“那么,有没有这种可能,大自然只允许那些已用量子力学的数学公式描述过的实验呢?”“当人们既想知道粒子的速度又想知道它的位置时,所能获得的最佳准确度是怎样的呢?”

海森堡鬼使神差地想起了泡利,前不久泡利来信时曾对他提出过忠告。泡利在信中提醒老朋友要注意“没有消化的丸子”,毫不客气地指出了海森堡理论中的一个“盲点”。泡利把粒子的动量设为 p,位置设为 q。他说:“第一个问题就是……为什么 p 也像 q 那样可以任意准确地指定……一个人可以用 p 这只眼来看世界,也可以用 q 这只眼来看世界,可要是把两只眼同时睁开的话,他就会糊涂。”

泡利说的“盲点”,不正好道出了一种合乎逻辑的结论——造物主的安排,就是要人根本无法同时精确地测定粒子的动量和位置!

海森堡恍然大悟,他由此得出了一个惊人的结论:在原子的微观尺度上,对事件能知道的准确程度必然存在固有的极限。当我们的工作从宏观领域进入微观领域时,我们的宏观仪器(观测工具)必然会对微观粒子(研究对象)产生干扰。假如你要证实一个粒子的位置,就意味着你让这一粒子停留在固定的位置上,而这样,你实际上就改变了它的动量,因此也就失掉了动量的信息。假如你测量它的动量,你也就不可能准确确定它的位置。“粒子的位置测定得越精确,它的动量就知道得越不精确,反之亦然。”换句话说,量子力学对基于经典力学的那些物理概念,如位置和速度,施加了一种应用限制。这一规律后来被称为海森堡“测不准原理”。它的数学形式为：$\Delta p\times\Delta q>h/4\pi$（其中 Δp 和 Δq 分别为测量 p 和测量 q 的误差，h 是普朗克常数）。

玻尔和海森堡在讨论

海森堡的“测不准原理”所揭示的，实际是微观世界的一个客观规律。在宏观世界，一个矩形的长和宽是固定的，测量它的长度同时，它的宽不会因此改变；测量它的宽时，其长度也不会变。但是在微观世界里，情况就大不相同了！试想，我们要测量的并不是网球，而是一个和光子处在同一个微观尺度的小小的电子，光子撞击它的后果，就绝对不能忽略了。网球被光子碰撞可以岿然不动，电子被光子一撞，可就不知会被撞飞到哪里去了。要再测量它原来的速度，谈何容易！虽然这只是一种比喻，实际情况要复杂得多，但道理却是一样的。这种不确定性在微观世界随处可见，它说明许多宏观世界的规律，在微观世界里并不适用。

3 月中旬，玻尔从挪威度假回来，海森堡兴冲冲地把刚写好的论文给玻尔看。玻尔读了论文，对海森堡提出的“测不准原理”很欣赏，但也指出了有几处处理上有差错，例如用射线显微镜来观测电子位置的例证等。玻尔认为这必须作修改，否则论文不应该发表。又是一番激烈的争论，看来海森堡充分继承了导师的犟劲，而玻尔则是希望测不准原理以无可挑剔的完美形式表达出来。

双方争执不下，海森堡感觉到一种巨大的压力，这个 25 岁的青年甚至哭了。玻尔告诉海森堡，自己在挪威大峡谷度假时也找到一种解释，他称之为“互补原理”。粒子和波既是相斥的，又是互补的，二者只有结合在一起时才能构成整体，这应该是量子力学的一条无限广阔的哲学原理。

最后,海森堡终于接受了玻尔的思想。海森堡后来回忆说:“我们很快得出了结论:我们的意思其实是相同的,而测不准原理不过是更普遍的互补性原理的一个特例而已。”

玻尔在挪威大峡谷滑雪时悟出的“互补原理”,是他酝酿许久的一种哲学思想。玻尔给“互补”一词下的定义是:“一些经典概念的任何确定应用,将排除另一些经典概念的同时应用,而这另一些经典概念在另一种条件下却是阐明现象所同样不可缺少的。”玻尔认为,世界上的真理都是有两面的,也就是说事物有两个面,每个面都是正确的,就像一个硬币有两个面一样,只有把这两个图案截然不同的面结合起来看,才能真正认识到这个硬币的全部,单看任意一面都是不够的。互补关系不仅存在于微观世界,也存在于整个宏观世界中。实际上,中国的太极图就包含着这种深邃的思想。它是以黑白两个鱼形纹组成的圆形图案,俗称阴阳鱼。太极图形象化地表达了“阴阳互补,相反相成”是万物生成变化根源的哲理。玻尔的互补原理虽然并非直接来自中国太极图的启发,但玻尔后来选择太极图作为族徽图案,却并不是偶然的,那应该是“心有灵犀一点通”。

1977年的诺贝尔化学奖得主、比利时科学家普里高津曾说,“中国文化是欧洲科学的灵感源泉”,不是没有道理。泡利后来曾经翻译过一本德文谈《易经》的书,并因此和中国女物理学家吴健雄结识,这也不是偶然的。1947年,玻尔在为丹麦政府授予他的宝象勋章设计族徽时,采纳了他助手的夫人、中国史专家柯汉娜的建议,将中国古老的阴阳鱼太极图作为宝象勋章的中心图案。玻尔在图案上方设计的拉丁文铭文为“Contraria sunt complementa”,相反者相成也,也可译成“互斥又互补”。量子力学的波粒二象性、玻尔的“互补原理”都完美地体现在其中。

玻尔的“互补原理”为量子力学奠定了新的哲学基石,为现代科学提供了坚实的基础,同时也是20世纪最有革命性的科学概念。它和海森堡的“测不准原

理”,用一种全新的方式诠释了微观世界物质的运动规律,成为“哥本哈根解释”的两大支柱。

从此,一统天下的量子力学“哥本哈根解释”就这样诞生了。

科莫演讲

kemoyanjiang

1927年9月,在意大利科莫举行了纪念伏打逝世一百周年的国际物理学会议。科莫是意大利北部阿尔卑斯山谷中的一个小城,位于美丽的科莫湖畔南端,是欧洲著名的度假胜地。除了景色绝美的湖光山色,使科莫享誉世界的还因为这里是意大利物理学家伏打的诞生地。伏打一生对电学研究贡献很大,是伏打电堆的发明人,1827年逝世。为了纪念他,后世用他的名字伏特作为电压的单位。选择在科莫举行纪念伏打逝世一百周年的国际物理学会议,有着特别的纪念意义。其实,伏打的祭日是3月5日,会议定在9月举行,多半是因为秋天是科莫最好的观光季节。这次会议留下不少物理学家游科莫湖的历史照片。

伏 打

会议邀请了当时欧洲几乎所有杰出的物理学家与会,包括老一辈的洛仑兹、普朗克、索末菲、卢瑟福、劳厄,哥本哈根学派的玻尔、海森堡、泡利、玻恩,以及康普顿、德布罗意、费米、威格纳、罗森菲尔德、冯·诺依曼等人。

玻尔在科莫会上,作了题为《量子理论的哲学基础》的发言(后在《自然》杂志上发表时,更名为《量子公设和原子论的最近发展》),第一次公布了他提出

的划时代的“互补原理”，这就是著名的“科莫演讲”。

在演讲中，玻尔阐述了量子力学的波粒二象性，为了合理地诠释量子理论的方法，必须“采用一种新的描述方式，叫做互补描述方式”，也就是“互补原理”。玻尔强调了以追踪基本粒子的运动为目的的任何测量，都会对现象的进程引起一种不可避免的干涉，从而就会包括一种决定于作用量子之量值的不确定因素，这一由海森堡提出的“测不准原理”，恰恰显示着一种独特的互补特征。

玻尔的演讲虽然没有在会上产生震撼，但引起了许多与会物理学家的关注。

没有资料记载卢瑟福对“互补原理”的评价，但他在科莫见到自己的学生一定很高兴。卢瑟福这时已是英国皇家学会的主席，玻尔对他敬重有加。

玻恩称赞玻尔的演讲是“中肯和有创意的”，完全赞成玻尔所说的量子论的不确定性。玻恩虽然身为哥廷根大学的教授，在学术上他已属于哥本哈根学派的中坚分子。玻尔的弟子海森堡、泡利也作了积极的发言。

费米在会上聆听了玻尔的演讲，受到很大启发。这位意大利物理学界升起的新星，为量子理论不可估量的前景感到兴奋。他强烈地意识到，现代物理学的潮流正向微观世界的纵深地进军，而玻尔的量子理论就是进军的探照灯。在后来向微观世界纵深的进军中，费米的确作出了辉煌的贡献。1933 年费米提出了 β 衰变理论，1938 年获得诺贝尔物理学奖，1942 年他实现了世界上第一个可控的核裂变链式反应。

但一些正统的物理学家并没有信服。

“哦，‘互补描述方式’？只不过把每个人都知道的东西换了一种语言表述方式……”罗森菲尔德说。

“观点倒是挺新的，但这篇演讲不会改变我们之中任何人对量子力学的看法。”另一位学者威格纳说。

事实上，“科莫演讲”是即将横扫量子物理江湖的“哥本哈根解释”的信号

1927年费米、海森堡、泡利(从左至右)在科莫湖

弹,它起了一个火力侦察的作用。由于玻尔的“互补原理”观念拨乱反正,闻所未闻,在这次会上不少物理学家还没有回过神来。

爱因斯坦和薛定谔两人没有出席科莫会议,也是“科莫演讲”反应相对平静的一个原因。爱因斯坦是因为对意大利独裁者墨索里尼不满而缺席的,大家都为他未到会感到惋惜。薛定谔是因为太忙抽不出身来。

不过,就在几周之后,即1927年10月在布鲁塞尔举行了第五届索尔维会议,会期共六天,会议主题是“电子和光子”,有29位来自世界各国的物理学家出席。

这一次爱因斯坦到会了,薛定谔也来了,所有参加过创立老量子理论和新量子理论的物理学家都云集布鲁塞尔。三位主要的开创者普朗克、爱因斯坦和玻尔,其他重要人物,从康普顿、威尔逊、艾伦菲斯特、福勒、德布罗意,到玻恩、海森堡、泡利、狄拉克、克喇摩斯,几乎一个不落。与会者自然也包括洛仑兹、居里夫人和朗之万。所以这是一次名副其实的世界物理学界的群英会,也是一场新老量子理论较量的群雄大会。

大论战

dalunzhan

大会主席是德高望重的洛仑兹。

会议的第一天，玻恩和海森堡作了有关矩阵力学的报告。两位哥本哈根学派的主将介绍了量子力学的矩阵理论，包括玻恩的“几率诠释”、海森堡的“不确定关系”等重要原理。在结尾时，他们郑重宣称：“我们认为，量子力学是一种完备的理论，它的基本物理和数学假设不再容许修改。”

这颇有点挑战的架势，会议的气氛顿时弥漫着火药味。

1927年10月第五届索尔维会议合影。前排左起：兰缪尔、普朗克、居里夫人、洛仑兹、爱因斯坦、朗之万、古伊、威尔逊、理查森；中排左起：德拜、努森、布格雷、克拉梅斯、狄拉克、康普顿、德布罗意、玻恩、玻尔；后排左起：皮卡德、亨里厄特、艾伦菲斯特、赫尔岑、唐德、薛定谔、弗尔沙费耳特、泡利、海森堡、福勒、布里渊。

接着，应大会主席洛仑兹邀请，玻尔登上讲台作了发言。玻尔是第一次出席索尔维会议，他很看重这个顶级的国际科学论坛，发言的内容根据“科莫演讲”作了进一步完善。玻尔全面地阐述了以“互补原理”为核心的哲学观念，再次指出波粒二象性的矛盾，表明了对微观尺度的原子过程用“因果性”的概念已经不敷应用了，必须用互补性概念这一“更加宽广的思维构架”来代替它。量子力学的规律只能是“统计性”的。

玻尔的发言引起与会者极大的关注。至此，玻恩的“几率诠释”、海森堡的“不确定关系”和玻尔的“互补原理”，共同形成了新量子力学完整的理论体系，即“哥本哈根解释”，从此开始统治人们对量子世界的理解。

玻尔讲完之后，是例行的讨论。会上的观点明显地分成两派，一派赞成以玻尔为首的哥本哈根解释；另一派以薛定谔、德布罗意为代表，提出了尖锐的反对意见。玻尔非常在意爱因斯坦对自己发言的反应，但是爱因斯坦坐在台下，一直保持沉默。他的头发蓬松地梳向脑后，一双眼睛仿佛凝视着九天之外，只在玻恩发言提到他时，爱因斯坦才冒出一句，说不赞成玻恩的几率波解释，然后又不做声了。

玻尔心里怀着期待，又有点不安。当大家的视线都投向爱因斯坦时，这位相对论巨匠、量子论的鼻祖终于站起来，对“哥本哈根解释”作出了回应。

“我应当为自己不曾彻底地研究量子力学而表示歉意，不过我还是愿意谈一点一般的看法。”

在客气话之后，爱因斯坦坦率地表示并不赞成“测不准原理”。

“海森堡和玻恩的概念确实是引人注意的，但是一种内心的声音告诉我，这还不是真正的东西……薛定谔波不仅描述了传播过程，而且也能够确定在这个过程的时间内粒子的位置，因此本人相信，一定能够在不受测量仪器影响的条件下确定粒子的位置。”他说。

对玻尔的“互补原理”，爱因斯坦也表示不能接受。他认为这是对传统的

“因果原理”的全盘否定,而如果没有了因果关系,这世界还成体统吗?

爱因斯坦表态后,会场次序大乱。大家争先恐后地抢着要发言,由于情绪激动,竟各自操起本国话吆喝起来。主持大会的洛仑兹尽管老成持重,又会说多种语言,但面对这个场面也愣住了。

亏得玻尔的朋友、荷兰物理学家艾伦菲斯特急中生智,跑上讲台,在黑板上写下一句令人捧腹的笑话:“上帝果然让人们的语言混杂起来!”

这个典故出自《圣经·旧约全书》的《创世纪》第11章,说的是巴比伦人想用砖和沥青修造一座摩天塔,上帝知道后担心人类从此心想事成,难以驾驭,于是他故意混乱了人们的语言,让他们彼此语言不通。最后摩天塔未建成,这些尘世凡人们流落到了世界各地。

艾伦菲斯特的机智让会场平静下来。玻尔很希望争取到爱因斯坦的支持,他婉转地回答说:

玻尔与爱因斯坦在争论

“我发现自己处于一种很困难的境地，因为我不知道爱因斯坦所要说的是什么意思，这当然是我的错……”

然后他解释道，其实“互补原理”在爱因斯坦的理论中也能找到例子。1905年爱因斯坦在光量子论的论文中，就曾指出光既是波又是粒子，但是爱因斯坦并没有被玻尔说服。

次日清晨，在从宾馆到会场的路上，人们看见爱因斯坦和玻尔边快步走着,边在争论着什么。

爱因斯坦身材魁梧，穿着呢子大衣，头戴一顶宽边博士帽，他的唇上蓄着胡须，脸上露出自信的微笑。玻尔长脸稍瘦、大鼻子，外衣随意地挎在左臂上，脸上的表情非常虔诚。在他的身后，跟着他的学生泡利和海森堡。

"我昨晚想出一个假想实验，的确可以推翻你们哥本哈根派的理论！"爱因斯坦得意地说。

"是吗？我很愿意洗耳恭听。"玻尔流露出不服气。

"我这个实验设计，可以证明'测不准原理'不能用。"

"'测不准原理'可不是积木块，一推就倒的。"

爱因斯坦不慌不忙地说出一个精巧的假想实验，听起来的确很绝妙。

"老弟觉得我这个实验设计得怎么样？"

"听起来挺棒的，请容我再想想……"

对决的结果，是玻尔稳操胜券。他和海森堡、泡利琢磨了一上午，终于破解了爱因斯坦设计的圈套。到吃晚饭时，玻尔在饭桌上原原本本地指出爱因斯坦假设实验的破绽。

"哦，这我可没想到。"爱因斯坦拍拍大脑袋，一笑了之。

第二天吃早饭时，爱因斯坦见到玻尔，眼里透出狡黠的亮光。他告诉玻尔，昨晚他又想出一个精巧的假想实验，可以推翻哥本哈根派的理论。

爱因斯坦这次想出的实验很绝，他假设让电子通过平板上一个狭缝，随即又通过有两条狭缝的第二个平板，最后落在一个照相底片上，打出个亮点。爱因斯坦提出，只要对穿过第一个狭缝的电子的动量进行一种控制，即能确定它到达底片之前通过的是哪条狭缝。这样一来，就可以准确地确定电子这个粒子的位置和运动。

爱因斯坦是个天才型的科学家，卓尔不群，独来独往，而玻尔的风格却是喜欢联合作战，所以说爱因斯坦是位大侠，玻尔是位统帅。

当天上午开会时，海森堡和泡利就仔细分析了爱因斯坦的假想实验。午饭时，两人同玻尔交换了意见，玻尔也说了自己的想法。师生三人经过反复思考和细致商讨，最后终于找到了爱因斯坦假想实验的命门。

到了吃晚饭时，玻尔已经是胸有成竹了。

“假如你真能确定一个电子在通过狭缝前的精确速度和位置，那按照因果规律，你必然会知道它将通过平板上的哪一条狭缝，将打在照相底片的哪一点上。”玻尔回答爱因斯坦说。

“对。”爱因斯坦点头。

“也就是说，即将通过下面一条狭缝的电子，将不会受上面那条狭缝是否被盖住的影响。”玻尔在饭桌上比画着。海森堡和泡利端坐在他的左右。

“是的。”爱因斯坦无动于衷。

“但是，如果我们盖住上面那条狭缝，”玻尔话锋一转，语气温和而又坚决，“那通过下面那条狭缝的电子将打在底片完全不同的点上。因为……这时它们只能形成环形的衍射图样，而不会形成干涉条纹！”

爱因斯坦吃了一惊，似乎意识到了什么。按照光学理论，通过一条狭缝的波将产生环形衍射图样；而通过两条狭缝的波将在照相底片上产生一系列明暗交替的干涉图案，原因是从两条狭缝过来的波之间发生了干涉。

“那你说说看，你的那粒电子究竟该打在底片的哪一点上啊？”

玻尔抬起他的大鼻子，直视着发愣的爱因斯坦。守在他左右的两个家伙一脸的坏笑。

这不正是“测不准原理”吗！

爱因斯坦明白过来，他耸耸肩，做了个表示遗憾的滑稽姿势。这次一比三的对垒，他只好败北了，但是大师并没有心服。

爱因斯坦站起来，口中大声嘟哝道：“上帝不会掷骰子！”

这句话，爱因斯坦在1926年12月给玻恩的信中就曾说过。原话为：“无论如何我都确信，上帝不会掷骰子！”后来成了爱因斯坦的一句世纪名言。

玻尔回答说："但是，我们不能告诉上帝该做什么！"

他的语气客气而又坚定。

艾伦菲斯特既是玻尔的挚友，也是爱因斯坦的好友，他在给荷兰同事的信中描述了两位朋友决斗的精彩结局："爱因斯坦像一个弹簧玩偶，每天早上都带着新的主意从盒子里弹出来，而玻尔则从云雾缭绕的哲学中找到工具，把对方所有的论据都一一碾碎。"也是这位艾伦菲斯特曾含着眼泪说，他不得不在爱因斯坦和玻尔的观点之间作出选择，而他又不能不选择站在玻尔一边。

在这次索尔维会议上，互补性思想开始被大多数物理学家所赞同和接受。厚道的艾伦菲斯特事后回忆说："玻尔完全超越了每一个人，他起初根本没有被理解……然后一步一步地击败了每一个对手。"

当然，理论和哲学上的论战，并没有影响两位大科学家的关系，玻尔对爱因斯坦的敬重和友情依然。索尔维会议结束后，艾伦菲斯特还特地邀请他俩一起到荷兰莱顿的家中做客。

不过，爱因斯坦并没有服输，他始终认为，量子理论的"统计性"是因为这个理论本身不完备所致。他相信在这种诠释的背后，一定隐藏着更深邃的基本规律。在这个体系中，原子尺度上的事件可以被确切预言，而不只是几率。物理学会重新回到人们所熟悉的经典理论的"因果性"描述。

在第二年5月给薛定谔的信中，这位爱说俏皮话的相对论大师揶揄道：

"海森堡—玻尔的绥靖哲学——或是绥靖宗教——是如此精心策划的，使它得以向那些信徒暂时提供了一个舒适的软枕。那种人不是那么容易从这个软枕上惊醒的，那就让他们躺着吧。"

捍卫量子理论

hanweiliangzililun

不过，爱因斯坦自己并没有躺在枕头上。

在1930年举行的第六届索尔维会议上，爱因斯坦卷土重来，与玻尔展开了有关量子力学的又一场大论战。

爱因斯坦这次祭起的法宝，是一个叫做“光匣”的假想实验，后来被称作“爱因斯坦光匣”。在这个假想的匣子里充满着辐射，在其一壁上装有一个用时钟装置控制的快门，在匣子发出一个光子之前和放出光子之后，可分别测定匣子的重量。爱因斯坦论证，释放光子过程的时间间隔可以用时钟机构精确测定，而光子的能量也可定量而任意精确地测定——因为按照爱因斯坦的相对论原理，一个物体的能量等于它的质量乘以光速的平方，而质量可以通过称重量来测定——测定出匣子的重量差，也就测定出光子的能量。这样，就显然违反了“测不准原理”。这一次，爱因斯坦把自己的看家绝学相对论都使出来了。

爱因斯坦设计的这个撒手锏，果然很奏效，一出手，就把哥本哈根学派的统帅给打懵了。

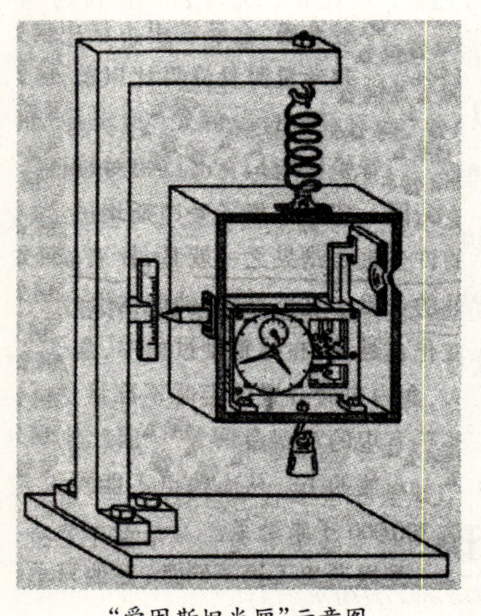
“爱因斯坦光匣”示意图

看见爱因斯坦展示的“光匣”图，玻尔感到十分震惊，脸色死灰，他没能立即找到答案，整个晚上都极度沮丧。他一个又一个地游说别人这种情况不可能是真的，因为假如爱因斯坦是对的，那将是物理学的终结，但是玻尔又提不出任何反驳来。比利时物理学家罗森菲尔德亲眼目睹了当时的戏剧性场面，他后来说：“我永远也不会忘记这两个对手在离开俱乐部时的身影。爱因斯坦，一个高高的庄严的形象，带着些许讽刺的微笑，而玻尔则在他身旁快步走着，非常激动，他徒劳地辩护说，要是爱因斯坦的装置真的管用，那物理学就完蛋了。”

玻尔不愧是沧海英雄，第二天早晨，情况就发生了逆转。

玻尔经过一夜的苦思冥想，终于找到了破解之法。他喜不自禁地来到大会上，告诉爱因斯坦他已找到了问题的答案。

“哦！是吗？”爱因斯坦颇感意外。

“是的，这都仰仗您的相对论的威力。”玻尔语气恭敬地说。

按照爱因斯坦的广义相对论，一个在重力场中移动的钟，在位移时如果有一个位移差，时钟将会变慢。玻尔由此论证，在爱因斯坦假想实验里，称重量过程中匣子在重力场中的位移，会干扰控制光子发射的时钟装置的速率，从而导致一个误差，而这正是满足“测不准关系”所需要的数量！玻尔使用的招数是“以子之矛，攻子之盾”，他巧妙地引用广义相对论，掉过头来反击它的创立者，从而拯救了量子理论。

“由此可见，如果用你的‘光匣’来精确地测量光子的能量，就不能精确地测出光子辐射出的时间了。”玻尔微笑着，宣布了“爱因斯坦光匣”的终结。

爱因斯坦不得不承认，是自己疏忽了，玻尔的论据无懈可击。

1930年的这场论战，就这样以玻尔获胜而告终。

不过，爱因斯坦并没有罢休，他始终不愿承认量子理论及其哥本哈根诠释是最后的答案。“爱因斯坦光匣”败下阵来，让相对论大师意识到哥本哈根的“测不准原理”是金刚之身，一时难以推倒。思来想去，爱因斯坦决定转移阵地，另辟新战场，从一个更普遍、更原则的角度来论证量子力学的不完备性。如果从根本上证明了量子力学对微观尺度运动的描述是不完备的，那就能进而推翻所谓的“几率诠释”。在他看来，大自然是受不依赖于人而存在的因果律所支配，物理学的目的就是去发现这些规律。用概率语言表达的理论，不能对自然现象作完全决定论的描述，顶多只是物理学发展中的一个权宜之计。

“上帝不会掷骰子！”爱因斯坦曾多次这样说。这既是一句幽默的趣话，也是他的格言，是爱因斯坦终身的信念。

五年后，爱因斯坦再次向哥本哈根的量子力学发起了挑战。

这一回，爱因斯坦一改孤独大侠的作风，组织了一个三人联合舰队。他请来的两位帮手是美国物理学家波多耳斯基和罗森，两人名气不算很大，但各有绝门功夫。1935 年 5 月 15 日，美国《物理学评论》杂志第 47 卷发表了爱因斯坦和波多耳斯基、罗森三人合写的论文：《能认为量子力学对物理实在的描述是完备的吗》。这篇文章并不长（中文译本只有 8 页，见《爱因斯坦文集第一卷》328 页，商务印书馆出版），但却是一颗重磅炸弹，非常有分量。在论文里，爱因斯坦和波多耳斯基、罗森提出了一个著名的"EPR 佯谬"。EPR 分别是联合舰队三位作者名字的头一个字母，佯谬就是指量子力学存在严重的自相矛盾。

"EPR 佯谬"的论证基于一个判据："如果我们能够不对体系进行任何干扰而肯定地（即在等于 1 的几率下）预言一物理量的值，那么，就有物理实在的一个要素和这一物理量相对应。"三位作者证明，尽管某些量的确定不能在其中一个部分体系的表象中结合起来，但是，通过和另一个部分体系有关的测量，这些量却可以被预见到。由此可以得出结论：量子力学并没有"提供物理实在的一种完备描述"。

这篇论文发表后，在物理学界引起巨大震动。它是一篇高屋建瓴的纲领性大作，不仅触及量子力学的根本，还涉及哲学上的问题。

两个月后，玻尔对"EPR 佯谬"作出了正面回应。作为哥本哈根的领袖，这是他义不容辞的责任。有趣的是，对决双方的人数颠倒了过来，以前玻尔对爱因斯坦是三比一，这回变成了一比三。

玻尔写了一篇反驳"EPR 佯谬"的论文，题目和爱因斯坦三人的论文一字不差，也是《能认为量子力学对物理实在的描述是完备的吗》。这表明了他针锋相对、捍卫量子理论的信心和气魄。这篇文章于 10 月 15 日发表在美国《物理学评论》杂志上。

玻尔在论文中明确指出，从互补观点来看，"EPR 佯谬"表面上的矛盾是完全不存在的。量子力学的描述是建筑在一种和谐的数学形式体系上的，这种形式体系概括了任何这种的测量过程。表面上的矛盾，事实上只表明了传统的自然哲学观点对于量子力学所涉及的微观现象不适用而已。

玻尔这次和爱因斯坦的决斗，和以往几次不同。以往几次主要是斗“器”，诸如“双缝干涉模型”、“爱因斯坦光匣”一类，而这一次是斗“法”，斗的是科学思想，是哲学理念，刀光剑影藏于无形之中，属于天书道行一类，更高一筹。因此这次“EPR 佯谬”论战造成的影响颇为深远，有人甚至称它刮起了“20 世纪物理学的第三次狂飙”。

这次隔海过招，打了个平手，论战双方最后谁也没有认输，但也没有谁以胜者自居。据说当年炮声的余音，至今在物理学界尚可闻见。不过，从这一仗之后，爱因斯坦渐渐淡出了物理学的主流。量子力学终于一统天下，它的理论后来运用到各个微观领域中，并获得了极大的成功。对现代微电子学、超导、纳米技术、量子工程等的发展起了重大作用。

爱因斯坦晚年致力于统一场论的研究，虽然他是孤独以求，但仍不失伟大。杨振宁教授评价说：“几乎无可怀疑的是，爱因斯坦对于统一的重要性的坚持是一种深刻的洞察力，面对所有的已说出和没有说出的批评，他勇敢地捍卫了这种统一的重要性。”

爱因斯坦和玻尔的论战，不是一般的学术之争，更不是个人的意气恩怨，而是两种博大的哲学思想的磨砺，是人类最高智慧的精神碰撞。的确，两个巨人之间的论战在历史上树起了一座无与伦比的思想丰碑，永远留给后人赞叹与评说！

爱因斯坦是一块伟大的磨刀石，它使玻尔手中的“哥本哈根剑”越磨越锋利。也正因为如此，玻尔一直对爱因斯坦很怀念。1957 年，玻尔在一篇文章里写道：“在和爱因斯坦的每一次接触中，我们大家都会得到启示；对我来说，能够从这些启示获得裨益是何等的重要啊！”

KEXUE JUREN DE GUSHI

仁爱之心

嘉士伯荣誉府

jiashiborongyufu

1932年夏天，玻尔一家迁入嘉士伯荣誉府。

嘉士伯的创始人雅可布森是一位思想开明、极富公益心的丹麦企业家。他青年时当过作坊学徒，热爱科学，曾在哥本哈根大学旁听物理学教授奥斯特的课。雅可布森于1846年创办了嘉士伯啤酒厂，后来由他的儿子卡尔·雅可布森继承经营。由于注重科学管理和以人为本精神，嘉士伯啤酒逐渐发展成为一个现代企业，并融入丹麦人的文化和精神中。雅可布森的经营宗旨是反对唯利是图，追求“世界上最好的啤酒”。他规定嘉士伯研究所凡有任何研究成果，不得向啤酒同行保密，同时把丰厚的利润回馈社会。这位伟大的创业者用嘉士伯啤酒集团股份的51%设立了嘉士伯基金，用来支持和赞助丹麦的科学和文化事业。哥本哈根市的象征“美人鱼”铜像，就是嘉士伯捐赠的。菲德烈堡国家历史博物馆也由嘉士伯出资重建。此外，它还资助了许多丹麦科学家和艺术家，支持社会公益事业。在前面已提到，为玻尔研究所立下大功的那台光栅摄谱仪，也来自嘉士伯的慷慨捐助。

在嘉士伯啤酒厂的厂区里，有一所宏伟的建筑，是老雅可布森当年居住的房子，后来被称为“荣誉府”。这座府邸建于1854年，是老雅可布森亲自设计的，有宽敞的起居室、书房、雅典式的庞贝大厅。安徒生经常来这里做客，并给在座的人朗诵他的作品。楼房还附设有东方风格的台榭和温室花房，楼后是一个占地很大的花园，树木葱茏，种满玫瑰。雅可布森去世时曾留下一条遗嘱，在他的遗孀和儿子卡尔·雅可布森去世后，即把这座建筑捐献出来供丹麦最杰出的科学家或文学艺术家免费居住。1914年，著名语言学家赫弗丁成为第一个

玻尔夫妇摄于嘉士伯荣誉府通向花园的门前(1947 年)

入住荣誉府的人。赫弗丁是玻尔父亲生前的朋友、当年来家里聚会的“四个ph”之一,也是玻尔在哥本哈根大学的老师。1931 年赫弗丁去世。丹麦科学院经过隆重遴选,一致推举玻尔作为赫弗尔的后继者,入住嘉士伯荣誉府。

1932 年夏天,玻尔一家迁入嘉士伯荣誉府。玻尔兴奋地写信告诉在德国弗赖堡大学任教的赫维斯:“我们现在住在嘉士伯荣誉府了……”

而最让玻尔高兴的是,在这里招待的第一个客人是他的恩师卢瑟福。

嘉士伯荣誉府被玻尔夫妇布置得很得体,又有品味。玻尔的书房里,挂着他父亲、母亲的画像,还有哈若德、赫弗丁的画像。枝形吊灯上悬着玩具木猴,写字台上插着雏菊。起居室里有个舒适的沙发角,没有客人时玻尔喜欢坐在这里。还有一间做办公用的房间,里面挂着黑板,以备学术讨论用。

许多物理学家朋友曾来荣誉府做客或聚会,玻尔在庞贝大厅招待过丹麦国王、首相和其他达官贵人,英国的伊丽莎白女王夫妇也来这里做过客。庞贝大厅的墙上,挂着中国唐代昭陵六骏浮雕拓片。玛格丽特是一位殷勤好客的主

妇,她那高贵的气质、从容不迫的风度，给所有客人留下了美好的印象。人们都尊称她为“玛格丽特王后”。

玻尔在嘉士伯荣誉府书房(1935年)

1932年9月12日,卢瑟福应邀来哥本哈根访问。这位纳尔逊镇的勋爵莅临当天,玻尔在庞贝大厅为卢瑟福伉俪举行了欢迎宴会。卢瑟福在宴会上发表了题为《物质的转变》的讲演,介绍了原子物理研究的最新进展。就在几个月前,卢瑟福手下的两位青年物理学家科克拉夫特和瓦尔顿，用质子轰击锂靶，成功地使锂原子核一分为二,引起学术界的轰动。这是人类第一次成功地分裂了原子核,具有不可估量的意义。玻尔1931年11月曾赴英国参加麦克斯韦百年诞辰庆典。在发言中，玻尔就预言了物理学的一个新时代——原子时代即将到来，但没料到来得这么快。

卢瑟福和夫人在玻尔的新家里住了十天,感觉很舒适。这使玻尔和玛格丽特感到特别高兴。卢瑟福和玻尔彻夜长谈,两位大师一边抽着烟斗,一边天南海北无所不聊,当然聊得最多的是原子核的奥秘。1932年,真是不同寻常的原子物理学年代,一大批新发现奇迹般地接踵而至:科克拉夫特和瓦尔顿使原子分裂！查德威克发现中子！密立根发现正电子！劳伦斯发明大型回旋加速器！等等。卢瑟福和玻尔都强烈地感觉到一个崭新的原子时代已经来临,核物理学的前景将是无可估量的。但究竟会发展到什么程度,一时还难以预料。

“原子核内部蕴藏着巨大的能量,”玻尔拿下嘴里的雕花烟斗,像梦呓般地说,“当某种元素转变成另一种元素时,原子核可能会释放出巨大的能量,它可能具有极可怕的破坏力啊……”

“是啊,”卢瑟福吐出一口浓烟,戏言道,“说不定哪一天,哪个马大哈在实验室里就神不知鬼不觉地把地球给炸了，还不知是这么回事哩。”

两人大笑起来。

笑过之后，玻尔的表情变得有几分严肃。

“对原子核的威力，我们得有点思想准备啊！”

“你真这么想吗？”卢瑟福瞅着他。

“唔，”玻尔说，“我只是有种直觉。”

“你恐怕多虑了。”卢瑟福语气颇肯定，“通过原子嬗变来获取新能源，效率极低，可以说是微不足道，要实现大规模释放核能根本不可能。”

“是吗？”玻尔若有所思。

“嗨，你的烟斗又熄了。”卢瑟福大声喝道。

玻尔低头，果然烟斗熄灭了。他在思考问题时，常常忘了吸烟。因为这个缘故，玻尔研究所的同事们在他生日时经常送大包的火柴给他。

后来的情况证明了，玻尔的直觉是对的，是卢瑟福对原子能的可能前景估计保守了。这个惊天动地的伟业，后来由意大利物理学家费米实现了，可惜卢瑟福生前没能看到。

至爱亲朋

zhiaiqinpeng

1935年10月17日，玻尔迎来了50岁生日。玻尔研究所的朋友们筹备了一份特别的生日礼物为他庆贺。这份礼物不是价廉物美的火柴，而是价值10万丹麦克朗的600毫克镭！是他们特地向社会募捐来的，目的是让研究所拥有最新的轰击原子核的武器，向原子的心脏发起进攻，因为镭是最长效的强中子源。丹麦人素来有支持公益事业的传统，再加上是给丹麦的优秀儿子玻尔的礼物，有7个工业财团和10个基金会慷慨解囊。很快10万丹麦克朗就筹齐了，最后买到600毫克的镭。

当玻尔接过这珍贵的600毫克镭时,感动得说不出话来。

这是一份深情厚谊,更是一个向原子物理的纵深地带进军的号角。

但是,就在玻尔的人生之旅进入“知天命”的前后,他相继经历了失去挚友、亲人和导师的悲痛。

1933年9月25日,艾伦菲斯特在阿姆斯特丹自杀。艾伦菲斯特是一位杰出的物理学家,在玻尔创立量子理论过程中,曾给予毫不保留的支持。1927年的索尔维会议论战,他更是坚定地站在玻尔一边,是玻尔学术上难得的知音。艾伦菲斯特也是爱因斯坦的密友,对卢瑟福评价也甚高。他曾写信给一个朋友说:“爱因斯坦、玻尔和卢瑟福,在上帝给我们派来的物理学家中间占有头等的位置。”

艾伦菲斯特自杀的原因很复杂,有精神危机的因素,有对物理学的困惑,也有家庭拖累方面的原因。儿子瓦西里患有先天性痴呆症,他为此一直活在痛苦之中。25日这天,艾伦菲斯特在阿姆斯特丹的一家诊所先开枪打死了瓦西里,然后自己饮弹身亡。

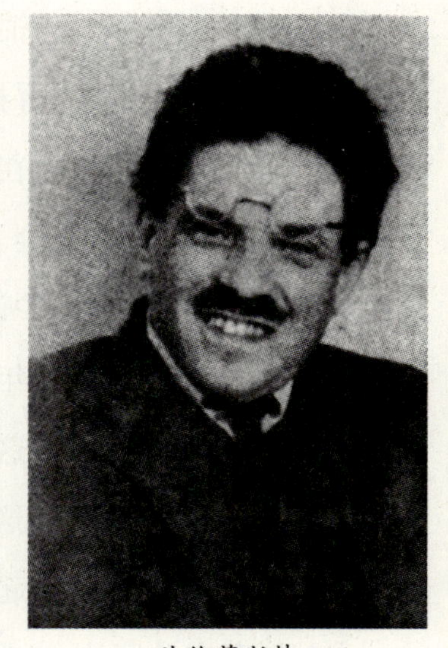

艾伦菲斯特

噩耗传来,玻尔和同事们极为震惊,再过半个月,第七届索尔维会议就要召开了。玻尔和诸多朋友曾同艾伦菲斯特相约在布鲁塞尔再见,但这永远不可能了!艾伦菲斯特在遗书中说:“近几年来,我觉得通过理解来跟上物理学中的发展,变得越来越困难了,经过永远是筋疲力尽的努力,我终于在绝望中放弃了……”

这是一个探索者的痛苦心声,也是一个科学家的悲剧。

不到一年,玻尔又经历了丧子之痛。

1934年6月底,17岁的克瑞斯蒂安中学毕业,即将成为一名大学生。他的志愿是将来成为一个数学家或物理学家,有时也梦想做一个诗人。克瑞斯蒂安秉性淳朴,模样英俊,老师和同学们都很喜欢他。7月2日,玻尔和几个朋友乘“奇塔号”游艇出海,这是他们今年的首次出海,克瑞斯蒂安也一起去了。游艇是玻尔和三个朋友一起合资购买的。他们从哥本哈根出发,经厄勒海峡北上。当游艇驶过拉霍尔姆湾时,突然遇到了风暴。一个巨浪从船舷打过来,站在舵旁的克瑞斯蒂安措手不及,被打进海水中。游艇上的人都惊呆了。玻尔站起来要跳下海去救儿子,但被几个朋友死死拉住了。因为海浪太大,一跳下去就会被吞没。克瑞斯蒂安本来会游泳,艇上的人扔给他一个救生圈,不幸的是海浪太大他没有抓住,只看见他在海水里挣扎沉浮了一下,顷刻间就被浪涛所淹没。

当天晚上,“奇塔号”停泊在瑞典西海岸的一个小港。玻尔经历了平生最痛苦的时刻。他们在海面上寻找了一夜,最终也没有找到克瑞斯蒂安。

克瑞斯蒂安的尸体,是在一个半月后才被发现的。8月26日,在嘉士伯荣誉府家里举行了小型追悼会。玻尔克制着巨大的悲痛,以坚强达观的态度面对这次家庭悲剧。他在悼词中说:

“克瑞斯蒂安虽然这么年轻就离开了我们,他的一生并没有虚度。在这个家里的每一个人心中,在和这个家有着密切关系的每个人心中,他留下了被痛苦净化了的最宝贵的记忆。这种记忆把我们更紧密地联系在一起,而在这种记忆里,他将和我们生活在一起,永远年轻。”

克瑞斯蒂安的照片,一直挂在荣誉府的书房里,伴随着玻尔和玛格丽特,他年轻英俊的形象永远活在他们心里。

岁月如织。1937年初冬,卢瑟福溘然长逝。

玻尔获悉噩耗时,正在意大利博洛尼亚城主持伽伐尼诞辰二百周年纪念庆典,他专程赶到伦敦参加了恩师的葬礼。

环球之旅

huanqiuzhilü

1937 年元月，玻尔应邀出国做学术访问。在历时半年的环球之旅中，他和玛格丽特携次子汉斯访问了法国、美国、日本和中国等国家，所到之处受到热烈欢迎。尤其是中国之行，给玻尔留下了难忘的印象。

在美国访问期间，玻尔一家三口到过许多城市，包括纽约、华盛顿、匹兹堡、旧金山、洛杉矶等。每到一地，玻尔都作了精彩的演讲和学术报告，题目涉及量子物理学的特点、互补性原理，以及玻尔前不久提出的"组合原子核"概念等。他们还游览了尼亚加拉大瀑布。访问纽约附近的普林斯顿时，玻尔拜会了爱因斯坦。这两位老朋友和量子理论的老冤家相见，自然少不了一番切磋论剑。

4 月 1 日，玻尔夫妇和儿子搭乘一艘日本邮轮离开美国西海岸，先到日本进行了为期两周的访问。除了例行的学术活动，他们游览了奈良、镰仓、富士山等名胜古迹。玻尔对富士山的景色颇有感悟。一天晚上，他观赏了落日余晖映照下的富士山，只见富士山的山顶隐没在镶着金边的云幕里，巨大的黑色山体显露出一种令人敬畏的雄伟。但到了第二天清晨，他见到的富士山景色却完全不同。山谷里云雾缭绕，富士山的最高峰清晰可见，上面的白色积雪闪着晶莹的光，令人心旷神怡。玻尔由此产生联想，他比喻说，这山的两种景观就是两种"互补"的形象，两者不可能同时出现，因为山景不可能既朦胧又清晰，但是两者舍其任一，又不能完全地代表富士山形象。玻尔传记《和谐与统一》作者、丹麦作家布莱依尔说，这也许是玻尔关于互补性概念举过的最有诗意的一个例子。

5月20日，玻尔一家三口乘“上海丸”号轮船抵达上海，受到上海教育界和文化界的热烈欢迎。玻尔在上海交大工程厅作了学术报告，盛况空前。场内六百人，听众爆满，场外还有上千人听广播。23日，玻尔在浙江大学理学院院长胡刚复陪同下，到达杭州，与浙大许多著名的学者见面。24日，王淦昌教授陪同玻尔游览了西湖。西湖的湖光山色令玻尔夫妇流连忘返，在卧佛寺玻尔还买了一个小弥勒佛像作纪念。

当天下午5时，玻尔在浙大新教学楼作了《原子核》的演讲，听众二百余人。玻尔用英语讲课，19岁的次子汉斯配合他放幻灯。许多人是第一次看到核衰变的迹象。玻尔还展示了一套用丹麦精致木材制成的教具，讲解原子核的复合核反应，效果非常生动。演讲的实况，当时的浙江电台曾向全省作了转播。在访问期间，中国学者同玻尔探讨了原子核的复合核等问题，还询问了玻尔与爱因斯坦争论的看法，说明当时中国物理学家对量子力学的创立和发展相当关注。当时的浙江日报对此曾有过详细报道。

玻尔一家三口于25日离开杭州，与中国科学家们依依惜别。王淦昌等人一直送到40千米以外的长安车站。

5月29日，玻尔一行抵达北平(今北京)。5月31日至6月4日，玻尔应邀在北大理学院和清华大学科学馆分别作了三场演讲，受到中国学术界的热烈欢迎。6月4日，在钱三强等人陪同下，玻尔参观了北平研究院物理研究所、化学研究所，并与两所的研究人员合了影。吴有训教授还陪同玻

玻尔一家访华时的照片(戈革提供)

尔夫妇游览了故宫、长城和十三陵。在北平的古籍店里，玻尔购得一套唐太宗“昭陵六骏”的浮雕拓片，爱不释手。这套拓片，玻尔带回国后一直挂在嘉士伯荣誉府的庞贝大厅。

玻尔在中国虽然只停留了两个星期，却留下终生难忘的印象。6月7日，玻尔夫妇结束了在中国的访问，乘长途火车经由中国东北、苏联，返回丹麦。

在横跨西伯利亚的列车上，玛格丽特带着一株中国百合花。这株美丽的百合花，她后来栽种在嘉士伯荣誉府的后花园里。

这次访问，使玻尔对中国文化及中国学者有了进一步了解。他后来曾说，中国的治学传统使他产生了灵感，他发现自己的互补原理观念，在中国的古代文明中早就有了先例，并认为“阴阳”太极图是互补原理的一个最好的标志。玻尔后来设计的家族族徽，其中心图采用中国古代的太极图，绝不是偶然的。族徽是家族的一个标志，具有庄严的意义，不可能由一时兴致而定。没有资料记载，玻尔在中国访问时是否见过或听说过“太极图”，但有一点可以想见，当柯汉娜向他建议用中国的太极图作族徽时，玻尔定会有一种“踏破铁鞋无觅处”的感觉！玻尔一家对中国人民和中国文化一直有着深厚的感情。

就在玻尔夫妇离开中国后一个月，日本军国主义制造了“卢沟桥事变”，全面发起侵华战争。在西方，德国希特勒的褐色阴云也笼罩着欧洲大陆，预示着灾祸即将来临。自从希特勒1933年上台以来，加紧推行法西斯主义，疯狂地迫害犹太人。纳粹分子强行取缔犹太商家，焚烧黑格尔、马克思和弗洛伊德的著作。“消灭犹太人”的口号在柏林街头甚嚣尘上。许多犹太知识分子和科学家面临着被送进集中营的危险，纷纷逃离德国。

在这种危难的时候，玻尔以伟大的仁爱之心和博大的胸怀，投入了援助犹太难民的工作。他和弟弟哈若德·玻尔一起参加了“丹麦支援流亡知识分子委员会”，积极为安置流亡知识分子奔走。早在希特勒掌权后颁布《种族法》不久，玻尔就利用到德国讲学的机会，向德国朋友们探询，有哪些科学家面临困境或

者生命受到威胁。他通过各种办法，让这些科学家到哥本哈根来工作。玻尔的理论物理研究所，成了这些受纳粹迫害的学者们的避难所和中转站。

1938 年 10 月，费米来哥本哈根参加一个国际物理学会。意大利独裁者墨索里尼两个月前刚公布反犹太运动的《种族宣言》，由于费米妻子的母亲是犹太人，他们一家正面临着法西斯的迫害。

玻尔了解到费米的处境，在会上悄悄告诉费米，他也许会被授予本年度的诺贝尔奖。这个消息对费米一家来说，不啻是天赐良机。诺贝尔评奖有非常严格的程序和规定，如果不是当时那种特殊的形势，玻尔是不会向费米透露评奖内情的，但为了一个杰出的物理学家的安危，他这样做了。

两个月后，费米和家人正是抓住了到斯德哥尔摩领奖这个机会，逃离了意大利。费米领奖后去了美国哥伦比亚大学，开始了建立人类第一座原子核反应堆的伟业。

核裂变

heliebian

1938 年的圣诞节来了。这是个不寻常的日子，大战的危机已经迫在眉睫，欧洲大陆上空涌动着不安的寒潮。谁有没有想到，这一年的圣诞老人却给人间带来一个令人咋舌的大礼包。

玻尔赴美国参加访问动身之前，在研究所工作的弗里施告诉他一个惊人的消息，德国科学家哈恩和斯特拉斯曼实现了原子的核裂变。玻尔大吃一惊。

在美国的费米获悉这个消息，也非常激动。他敏锐地意识到核裂变的后果潜藏着巨大的毁灭力量。费米指出，裂变的铀核在一分为二时，会放射出两个中子。用这两个中子分别去轰击两个铀核，两个铀核裂变时，又放出四个中子……如此下去，就能产生自持链式反应。伴随着这一过程，将有巨大的能量释放出来，如果用于战争，那就是可怕的原子弹！

玻尔也最先意识到核裂变的威胁。他在访美期间，专门去普林斯顿拜会了爱因斯坦，陈述了梅特纳的发现和原子裂变的厉害，引起了爱因斯坦的重视。

最后在费米、西拉德、泰勒等诸多物理学家的促成下，1939 年 8 月爱因斯坦签署了那封给罗斯福总统的著名信件。

就在第二个月，德军入侵波兰。英国、法国向纳粹德国宣战，第二次世界大战爆发。

半年之后，德军占领了丹麦。

1940 年 4 月 7 日，玻尔应邀在挪威作学术演讲。在挪威国王举办的晚宴上，大家似乎都有预感，纳粹的魔爪将伸向北欧。4 月 8 日深夜，玻尔乘火车经赫尔辛堡返回丹麦。9 日拂晓，轮渡驶过厄勒海峡时，玻尔被德国战机的声音惊醒。一个警官敲门告诉他，就在几个小时以前，德军从南边越过丹麦边境，占领了哥本哈根。丹麦历来是中立国家，而且是个弹丸小国。德军的入侵打破了人们对法西斯的幻想。当天，挪威向德国宣战，炮轰奥斯陆峡湾里的德国军舰。整个斯堪的纳维亚半岛陷入一片恐慌之中。

玻尔回到哥本哈根做的第一件事，就是向哥本哈根大学校长和丹麦官员递交了一份呼吁书，要求保护研究所里可能遭到纳粹迫害的人，他还给正在英国讲学的弗里施发了急电，叫他暂时留在英国。

还有一件事，让玻尔放心不下，就是两位德国朋友劳厄和弗兰克的诺贝尔金质奖章，在他手里保管着。劳厄的诺贝尔奖章是他从德国寄给玻尔的。在希特勒统治下的德国，老百姓不准私藏黄金。诺贝尔奖章上都镌刻有获奖者的名字，如果这两枚奖章此时落到纳粹手里，将给劳厄和弗兰克带来可怕的后果。赫维斯建议把奖章埋在地底下，但玻尔不同意，认为那样有可能被挖出来。最后聪明的赫维斯想出一个妙法，把两枚奖章溶解在王水里。这瓶王水一直放在研究所的实验室里，和许多瓶瓶罐罐混在一起。纳粹分子做梦也想不到，王水

里溶解了纯金的原子。玻尔自己的诺贝尔奖章,已于年初捐给了抗战的芬兰。

纳粹占领丹麦后,宣称名义上维持丹麦的中立,不干涉丹麦的内政,国会和国王地位不变,实际上这些都是法西斯的谎言。很快,反犹太的口号就在哥本哈根甚嚣尘上。玻尔本人的半犹太血统和反纳粹倾向,使他面临着危险。朋友们都替他担心。几天后,玻尔陆续收到美国许多大学发来的邀请,答应提供最优越的条件欢迎他和全家赴美。在哥本哈根的美国大使也表示,可以为玻尔安排旅程。

但是玻尔认为自己应该留在丹麦,他相信在国内自己还能起许多作用,同时他也担心,自己的出逃会给别人带来麻烦,尤其可能在丹麦犹太人中引起恐慌。归根结底,作为一个丹麦人,他不愿意抛弃自己的国家。玻尔留了下来,一直坚持斗争到 1943 年 9 月。

玻尔翌年在为《1940 年的丹麦文化》所写的前言中,引用了安徒生的诗句明志:“吾生于丹麦,吾家即在此;此处有吾根,吾之世界由此始。”这本书是丹麦协会出版的。玻尔参与了这个协会的创立和各种活动,目的是建立一个反法西斯的文化堡垒,彰显丹麦的民族文化和精神。而纳粹则在离玻尔研究所不远的北林荫路,也建立了一个所谓的“德国文化研究所”,与丹麦协会唱对台戏,专门宣传德国的法西斯。

玻尔研究所在十分困难的条件下,仍然坚持进行核裂变的研究工作。

玻尔公开拒绝与纳粹合作,并且参加了丹麦的反法西斯抵抗组织。抵抗组织的几个领袖都是他的中学同学。德国占领当局把玻尔视作眼中钉,他们设置了许多陷阱,想诱使玻尔上当:有的诡计很愚蠢,诸如伪装成抵抗组织成员来接头,一眼就被玻尔识破;有的诡计比较狡猾,但在抵抗组织的帮助和保护下,也都没有得逞。虽然惧于玻尔的国际声望和影响,纳粹暂时没有对他下毒手,但玻尔面临的危险却与日俱增,玻尔研究所一直受到严密的监视。

KEXUE JUREN DE GUSHI

原子为了和平

二战出逃

erzhanchutao

1941年10月，一个不速之客来到哥本哈根，他就是玻尔的得意弟子海森堡。海森堡是来参加“德国文化研究所”举办的天体物理学会议的，同行的有他的学生和朋友、德国学者冯·外才克尔。海森堡当时的身份是德国威廉皇家研究所所长，颇受希特勒政权的青睐，会上专门安排海森堡作公开演讲。玻尔研究所接到了邀请信，但谁也没有去，原因是不言而喻的。

海森堡还到玻尔研究所来拜访过，和大家共进午餐。由于海森堡站在德国战胜者的立场，席间话不投机，彼此都不愉快。海森堡谈到德国入侵俄国的进展时颇为自信，强调德国打赢这场战争很重要，其踌躇满志表露无遗。他还对在场的人说：“德军占领丹麦、挪威和荷兰确实是一件可悲的事，但对东欧国家来说占领却是一件好事，因为那些国家不会管理自己。”一个物理学家当场反驳他：“迄今为止，我们知道的事实是，不能管理自己的是德国。”

就是在这样的特殊气氛和背景下，玻尔应海森堡的请求，两人私下进行了一次交谈。谈话的内容当时没有留下记录，至今流传多个版本，而且相互冲突，扑朔迷离。关于交谈的地点也有不同说法：海森堡说，他和玻尔是在嘉士伯荣誉府旁散步时谈的；玻尔的同事们则证明，他俩是在玻尔的办公室里进行的对话。整个事件就像是一个现代版的“罗生门”，但是有一个基本事实是肯定的：这次交谈严重地伤害了玻尔的感情，令玻尔非常震怒，从此与海森堡断绝了师生关系。虽然战后两人仍有往来，但哥本哈根时代的师生情谊再也没有恢复。

究竟海森堡说了什么，才致使一向宽容大度的玻尔忍无可忍呢？

据玻尔的儿子奥格·玻尔说，海森堡当时向他父亲表示，对纳粹德国的胜利充满了信心，因此劝玻尔放弃与德军占领当局不合作的立场。这无疑导致了玻尔对海森堡的疑虑，即对方是为纳粹做说客来的。海森堡在交谈中还向玻尔暗示，自己正在主持德国的核研究计划，按照进展，德国完全能造出原子武器来……这话使玻尔大为震惊，当即中断了他们的谈话，气氛很僵。

60 年后解密的一封玻尔的信，内容与奥格·玻尔所言基本相符。玻尔在信中明确表示，尽管他和海森堡之间有着师生兼朋友的情谊，但当时他们两人实际上是站在“生死搏斗”战线的两边，国家、民族和反法西斯的大义超过了个人的交情。

直到今天，人们对海森堡此次访问玻尔的真实动机还有争论。海森堡和他的弟子们后来陆续撰文或出书，解释说当时玻尔是有“误会”。1998 年，英国作家弗雷恩还特别写了一个科学历史剧《哥本哈根——海森堡与玻尔的一次会面》，虚构了当时的会面情景，出场者为海森堡、玻尔和玛格丽特三人的灵魂。对海森堡的访问意图，弗雷恩在剧中作了三种假设。据说此剧在英国、美国上演颇为火爆。中国国家话剧院也排演过这个剧目。

战争像闪电一般照亮了每一个人的灵魂，海森堡本人并不是纳粹分子，但否定不了的是他却相信德国会统治全世界。一个物理学的天才，在创立量子力学上不愧是位巨人，但在精神和人格上却像个凡夫俗子。

1943 年初，玻尔收到一封来自英格兰的密信。这封信藏在一把钥匙的密封小孔里，被摄成三张微型胶片。信是英国情报机构通过丹麦抵抗组织辗转交来的。发信人是英国著名物理学家查德威克，他因发现中子于 1935 年获得诺贝尔物理学奖，这时正担任英国原子能计划的领导人。查德威克在信中强烈地劝说玻尔尽快到英国去，并暗示有重要的研究需要玻尔参与解决。

玻尔非常感谢英国同行的关怀，但他仍然婉谢了查德威克的好意。

9 月底，形势急转直下。丹麦抵抗组织获得可靠情报，玻尔马上会被纳粹逮捕送往德国，以强迫他为纳粹服务。瑞典驻哥本哈根大使也向玻尔证实了这

个情报。而且纳粹已经签署了命令，要把所有在丹麦的七千多名犹太人引渡出境，送往集中营。玻尔痛心地意识到，到了该离开的时候了。

当天夜里，玻尔夫妇在抵抗组织安排下，越过丹麦和瑞典之间的松德海峡出逃。汉斯、奥格等几个儿子暂时躲起来，两天后再偷渡过海。玻尔夫妇冒着生命危险乘坐一艘拖网船，悄悄驶过海峡，途中几次避开了德军的巡逻艇。9月30日拂晓，夫妻俩到达瑞典马尔默城南的一个小港。玻尔立即和瑞典外交部部长取得联系，当晚就赶到了斯德哥尔摩。玛格丽特留下来等候几个儿子，他们不久都平安到达。玻尔一家被安置在一个秘密的住所，由瑞典警方和丹麦大使馆武官负责保卫。在这种时候，玻尔心中还念念不忘丹麦的数千名犹太人的安危。他会见了瑞典外交部部长和内阁秘书，请求瑞典政府出面与德国交涉，挽救这些丹麦犹太人。瑞典政府立即照会德方，说瑞典政府已做好准备，可随时接纳这批丹麦犹太难民。但是德国在答复中诡称，逮捕丹麦犹太人是外界谣传，并没有这回事。

10月2日，从丹麦抵抗组织传来情报，说大规模逮捕已于头天夜里开始，一批丹麦犹太人被押到了哥本哈根港的船上。玻尔忧心如焚，立即想办法拜见了瑞典国王古斯塔夫五世。19年前，就是这位国王亲手把诺贝尔奖章颁给玻尔的。国王告诉玻尔，不要抱太大的希望。德国占领者引渡挪威的犹太人时，瑞典政府也发过照会，但是被德国拒绝了。玻尔力争说，现在盟军的反攻已取得很大进展，德国在军事压力之下也许会考虑瑞典的要求。国王被说服了，立即向政府发出指示。几个小时后，瑞典政府发出了正式公报。在玻尔的请求下，国王还答应了向希特勒发出个人呼吁。

虽然船只改驶瑞典的建议被德国拒绝了，但在玻尔的努力下，瑞典政府和丹麦抵抗组织为拯救行动进行了有效的合作。瑞典的无线电台反复广播说，瑞典已派船只在瑞典领海边界接应难民。丹麦抵抗组织安排了许多小船，分散地把难民送过海峡，最后，绝大部分丹麦犹太人被安全转移到了瑞典。

玻尔在斯德哥尔摩逗留的时间很短，他到达当地后的第二天，就收到了英国首相丘吉尔的科学顾问切维耳勋爵发来的电报，邀请他即刻去英国。玻尔因为惦记着丹麦犹太人，走的时间推迟了几天。

10月5日晚，玻尔乘上一架英国的军用飞机飞往苏格兰。10月6日凌晨，飞机降落在苏格兰一个军用机场，当天夜里，玻尔被安置在机场司令家。第二天早晨，他被专机送到伦敦机场，查德威克和英国情报机构官员已在那里等候他。晚上，玻尔见到了英国财政大臣安德逊爵士。这位负责英国原子弹计划的内阁成员向玻尔伸出大手："欢迎你加入英国的'管子合金'计划。"所谓"管子合金"是原子武器的代号。这时，玻尔方才听说英美合作的原子武器计划，他感到非常惊讶。一星期后，21岁的奥格·玻尔也飞到英国，与父亲会合。

玻尔到达英国的消息，立刻成了重大新闻。10月9日，《纽约时报》发表了一条引人注目的报道。

科学家到了伦敦

尼尔斯·玻尔，丹麦人，有一种新的原子爆炸的发明

> 伦敦，10月8日[美联社讯] 因原子研究而获得诺贝尔奖的丹麦流亡科学家尼尔斯·玻尔博士今日由瑞典抵达伦敦。据一位现在斯德哥尔摩的丹麦人说，他随身带着关于原子爆炸新发明的计划。据说此项计划对盟国战争力量极为重要。

虽然这条消息带有明显的宣传味道，但可以看出原子武器已成为当时公众最关注的热门话题。

1939年8月爱因斯坦签署的给罗斯福总统的那封信，两个月后转到了罗斯福的手中。罗斯福经过慎重考虑，采纳了爱因斯坦的建议。总统立即动员全国的科学家，并拨了大量经费投入原子弹的研制，这就是所谓的"曼哈顿计划”。参加这一计划的科学家和要人,有萨克斯、费米、西拉德、威格纳、泰勒等。萨克斯是总统的私人顾问、经济学家,爱因斯坦的信就是由他转交罗斯福的。费米是核技术的主要负责人。1943 年夏天,罗斯福和丘吉尔在魁北克会谈后,英国和美国加强了原子弹研究的合作。

呼吁和平

huyuheping

1943 年 11 月底,玻尔作为英国方面的代表,赴美参加“曼哈顿计划”的合作,奥格·玻尔作为他的助手随行。玻尔抵美后,对促进英美科学家的密切合作起了积极作用。他先到普林斯顿看望了爱因斯坦和正在那里工作的泡利,然后和奥格前往洛斯阿拉莫斯秘密基地(又称“Y 基地”),在那里待了八个月。出于保密需要,他被叫做“尼古拉斯·贝克”,奥格被叫做“杰姆斯·贝克”。玻尔在这里见到许多老朋友,有费米、康普顿、泰勒、奥本海默等,还有从英国辗转来到这里的弗里施。“Y 基地”的物理学家们对玻尔都很尊敬,正像美国物理学家、1965 年诺贝尔奖得主费曼所形容的,即便是在这些科学巨头的眼中,“玻尔也是一尊伟大的神”。

事实上,在整个曼哈顿工程中,玻尔并没有起到主要的作用。这里集中了全世界最杰出的原子物理学家,又有充足的财力物力保证。玻尔战后也说过:“他们在制造原子弹方面并不需要我的帮助。”不过,玻尔对原子弹的引爆装置提出了有益的意见。

另一个原因是,自从获知具有毁灭力量的原子弹能够制造出来后,玻尔关注的焦点发生了转移,他思考的问题比其他科学家更远,那就是这些毁灭性武器的政治后果。玻尔一生爱好和平,崇尚自由,反对侵略,反对独裁。他有个梦想:开放的世界。卢瑟福主张科学没有国界,玻尔更进了一步,主张为了世界和平东西方开放,这实际是他的政治理想、一个梦想。在1922年的诺贝尔奖演讲中,玻尔就提到了“国际合作”,表现出一个科学家的良知和博大的胸襟。

当玻尔确信“曼哈顿计划”会成为事实后,他越来越关心一旦原子弹制造出来将给全世界带来什么后果,他最早意识到战后的核军备竞赛有极大的危险,因此多次和英美两国首脑接触,呼吁他们及早作好控制原子武器的安排。玻尔传记作家布莱依尔称他是“为了和平而和原子弹进行时间上的竞赛”。

玻尔首先通过美国大法官弗兰克福特的帮助,向罗斯福总统提出了建议。罗斯福很关心这个问题,他授权弗兰克福特给玻尔起草了一封信,叫玻尔转交给伦敦的安德逊爵士,大意是想听听丘吉尔对这个问题的意见。1944年5月下旬,在安德逊爵士的安排下,玻尔在伦敦与日理万机的丘吉尔首相见了一面,会见时首相的科学顾问切维耳勋爵也在场。事先安德逊爵士曾向丘吉尔报告过玻尔呼吁的内容,但丘吉尔不为所动,他认为原子弹的制造完全可以保密,担心是多余的。这个细节安德逊没有向玻尔透露,所以玻尔从会见一开始就处在不利的地位,再加上玻尔细如耳语的语音和优柔的态度,丘吉尔只敷衍了他几句,就扯到其他事情上去了,而且还对切维耳发了一顿脾气。玻尔未能把想说的问题讲透,结果这次会见完全失败。临离开时,玻尔请求给丘吉尔写信说明情况,这位铁腕人物答道,他永远以收到玻尔教授的信为荣,“但最好不要谈政治”。丘吉尔这个人个性很强,与斯大林关系紧张,而且当时患有抑郁症——被医生称作“丘吉尔的黑狗”。玻尔找他碰了一鼻子灰,似乎是注定了的。

在伦敦的街上,玻尔碰到一位朋友,问他会见丘吉尔结果如何。玻尔回答说:“很可怕,他像骂小学生一样骂了切维耳勋爵和我。”

玻尔旋即给丘吉尔写了一封信,说明保守原子机密是不可能的,只有实行开放政策,才能避免战后的核军备竞赛。玻尔在信中举了一个例子说,俄国的一流物理学家其实已经在搞原子弹了,事情缘于玻尔去年10月曾收到苏联物

理学家卡皮查的信，邀请他去苏联工作，信中透露了"我们科学家已经尽了一切努力用我们的知识为战争服务"。玻尔当时给卡皮查回了一封婉谢的信，并把复信和卡皮查的来信一并交给了英国情报部。卡皮查曾在卢瑟福手下工作，30年代返回苏联，当时任斯大林的科学顾问，是个重要人物。从卡皮查的信可以推断，苏联很可能也在进行秘密的原子武器研究。

1944年6月中旬，玻尔回到美国，晋见了罗斯福总统。罗斯福坐在轮椅上，仔细地听了玻尔的陈述。这位总统的态度很开明，对玻尔的主张表示理解，并对斯大林的明智表示有信心。罗斯福说，他将在魁北克和丘吉尔举行会谈，到时候他争取能说服丘吉尔。

玻尔喜出望外，激动地等待着两国首脑的会谈结果。

然而意想不到的是，玻尔等来的竟差一点是牢狱之灾！9月18日，在魁北克会议结束后，罗斯福和丘吉尔在纽约海德公园总统寓所签署了一份备忘录，其内容包括三点：第一，原子弹计划应严格保密；第二，战后英美在这些计划方面继续合作；第三，必须对玻尔教授进行调查，并采取必要的措施阻止他向外界、特别是向俄国人泄露情报。

谁也不清楚这份备忘录出台的内幕，但可以肯定的是，会谈的结果是强硬的丘吉尔把温和的罗斯福说服了，而卡皮查的信成了他抓住玻尔的小辫子。这位牛气十足的首相事后对切维耳勋爵发泄道："……总统和我对玻尔教授甚为心烦，他怎么会掺和到这件事里来的?他说他和一个俄国教授保持着密切的通信，这是搞的什么名堂……照我看来玻尔应该被关起来！至少要让他知道他正处在滔天大罪的边缘。"

幸亏有切维耳勋爵、安德逊爵士等几位大员挺身而出为玻尔说话，并且英国情报部的首脑也证明玻尔与卡皮查通信是经过认可的。相关的材料随后也转给了罗斯福，丘吉尔这时才发现是自己搞错了。玻尔虽然幸免了蒙冤受难，但他关于"开放世界"的呼吁最后没有实现。

1945 年 3 月下旬，玻尔撰写了第二份备忘录，准备呈交罗斯福总统。但就在弗兰克福特大法官等朋友替他斡旋的时候，罗斯福于 4 月 2 日逝世了。后来，1950 年当丘吉尔访问哥本哈根大学时，玻尔曾想再次与丘吉尔对话，结果他的努力毫无作用。科学家的执著和良知，比起政治家纵横捭阖的权谋来总显得过于天真了，玻尔找丘吉尔谋划屡屡碰壁的情景，让人想到“与虎谋皮”的成语。

1945 年 8 月，玻尔回到了光复的丹麦。他仍然不遗余力地呼吁和平，并于 1950 年发表了《致联合国的公开信》。玻尔同时大力推动原子能的和平利用，呼吁国际合作，并积极倡导成立了“欧洲核研究中心”。研究中心设在瑞士的日内瓦，玻尔被推选为主席。玻尔的主张，后来得到联合国的重视，1954 年联合国决定成立国际原子能机构。在该机构的一些建议中，也反映了玻尔的想法。

玻尔的理想鼓舞着全世界爱好和平的人。

皇家科学院院长

huangjiakexueyuanyuanzhang

在全世界反法西斯力量的反攻下，希特勒终于彻底溃败了。1945 年 5 月 2 日，苏联红军和盟军攻克柏林。5 月 4 日，占领丹麦的德军投降。三天以后，德国宣布无条件投降。

玻尔这时正奔走在北美和英格兰之间。

8 月 25 日，玻尔从英国回到丹麦。当天晚上，他发表了一篇广播讲话，表示回到祖国的喜悦之情。在流亡的日子里，玛格丽特和孩子们留在瑞典。这时夫人和孩子们也一起回到丹麦，玻尔全家团聚了。

回国第二天，年近六旬的玻尔就骑着自行车到研究所，受到研究所同事们的热烈欢迎。玻尔被迫流亡国外后不久，德国人曾一度占领研究所，借口是听

玻尔回国次日骑自行车上班

说研究所在为英国和美国人工作，其真实目的是想控制这个世界一流的原子物理研究中心。纳粹放出话说，他们希望研究所在德国物理学家的指导下继续进行研究。研究所的成员采取了不合作的态度，许多人闻讯后转入了地下。德国人在研究所里转悠了半天，也没有发现什么秘密，当然，他们根本想不到那瓶毫不起眼的王水里会有什么文章。接着又传出消息，纳粹准备把研究所的回旋加速器拆掉运往德国，显然是为了军事用途。为了不让纳粹的阴谋得逞，丹麦抵抗组织当时策划了炸毁研究所的计划。他们秘密潜入下水道，悄悄在研究所建筑物下埋好了足够的炸药，只待一声令下就引爆。在最后一刻，抵抗组织里有个玻尔的好友契维兹阻止了行动计划，他提出必须等待玻尔的意见，才能决定是否炸毁研究所。经过辗转的通讯联络，最后哥本哈根终于收到了玻尔的答复。玻尔解释说，研究所里并没有德国人感兴趣的东西。后来搞清楚所谓拆加速器的传闻也是假的，于是抵抗组织最后取消了爆炸计划，研究所得以保存下来。

经过战争的洗礼，研究所迎来了又一个春天。

玻尔重返研究所后，立即着手进行恢复和扩建工作。首先是把一个很小的机工车间改建成一栋五层的办公楼。接着又对研究所地下建筑的面积作了扩展。同时还为回旋加速器建造了一间大厂房，四面的水泥墙壁很厚。建厂房的地皮是哥本哈根市政厅批的。玻尔争取到了嘉士伯基金会的鼎力支持，扩建计划所需的全部费用，由丹麦政府和嘉士伯基金会各出一半。

哥本哈根理论物理研究所现貌(2005 年)

玻尔不仅为筹集资金的大事操心，而且扩建工程的具体实施他也是亲力亲为。从设计师在绘图板上画的第一条线开始,他事事都要过问,有时甚至为一个小窗户的位置与设计师争执不下。当讨论最终达成一致时,玻尔的脸上会露出微笑说:“你看,现在就挺好,而且这下就对称了。”

新所竣工后,又迎来一批批来自世界各大物理研究中心的学者,哥本哈根精神得以发扬光大。从 1921 年建所到玻尔去世,在玻尔身边工作过的学者,有 17 人先后获得诺贝尔物理学奖或化学奖。

玻尔回国不到一个月,即 9 月 21 日,他重新当选为丹麦皇家科学院院长。

玻尔是 1939 年被推选为丹麦皇家科学院院长的,当时他 54 岁。在德国占领期间,玻尔主持科学院会议直到出逃前最后一刻。玻尔离开后,丹麦皇家科学院由两位分院院长一起主持,其中一位后来成为代理主席,但大家都清楚这只是暂时的。按照科学院章程规定,院长任期为五年。到了 1944 年,院长应该改选了,但科学院做出决定推迟改选,不仅是皇家科学院,整个丹麦都在期待

正在讲学的玻尔

玻尔的归来。1945 年 9 月 21 日，科学院举行全体院士会议，全票通过重新选举玻尔为丹麦皇家科学院院长。以后的每次院长改选，威望无人可取代的玻尔都获连任，这个职位他一直担任到 1962 年去世。

10 月 7 日，是玻尔的 60 寿辰。皇家科学院特地举行了庆祝会，在会上由一位分院院长代表院士们向玻尔致贺词。贺词的结尾说："假如抬头看看这大厅的屋顶，我们就会看到普罗米修斯从诸神那里盗火的巨画。您所做的工作没有比这更好的象征了！"

生日这天，玻尔还收到嘉士伯基金会的一份厚礼——基金会拨款十万丹麦克朗，特别设立一个"玻尔基金"，支持玻尔选定的科研课题，这使玻尔非常感动。

当天晚上，哥本哈根大学的学生们举行了火炬游行。学生们举着火炬，云集在嘉士伯荣誉府前，一齐向他们爱戴的玻尔夫妇欢呼致敬。玻尔站在荣誉府的台阶上，向学子们发表了展望未来的即兴演讲。

1947 年 10 月，在玻尔 62 岁时，丹麦国王授予玻尔丹麦最高勋章——宝象勋章，以表彰他在科学上的杰出贡献。据玻尔翻译家戈革介绍，丹麦的勋章有两种，一种是比较常见的"国旗骑士勋章"，另一种就是最高级的"宝象勋章"。国旗骑士勋章主要奖励给有功的丹麦官员和平民；外国有贡献的文化人士也可以获得，如我国的叶君健（因翻译《安徒生童话》）、戈革（因翻译《尼尔斯·玻尔文集》）也曾荣获丹麦"国旗骑士勋章"。宝象勋章是金质的，勋章上有一头珐琅烧制的大象，象背上是宝座。这种勋章特别高贵，通常只授予丹麦的王室成员和外国元首，一般平民除非有特大功勋是不可能获此殊荣的。玻尔是20世纪丹麦平民获得这种勋章的第三人。

举着火炬的哥本哈根大学的学生向玻尔夫妇欢呼

据说在授勋之前，曾征求过玻尔的意见。玻尔本来不感兴趣，但一位朋友告诉他，获得“宝象勋章”的荣誉有利于玻尔以后的筹款和世界和平运动，于是他才同意了。

获得宝象勋章就意味着被封为贵族，授勋人应有自己的族徽。丹麦的族徽是椭圆形的，外围一圈镌刻着授勋人的名字，中心位置为一个纹章，每个家族的纹章都不一样。玻尔平生最得意的成就就是互补原理，他希望自己家族的纹章能反映出这点，为此玻尔曾到图书馆查阅了许多资料，但一直找不到中意的图案。“互补性”是一个既互相排斥又互相补充的哲学观念，要找一个图案来表达它，确实非常难。正当玻尔为这个问题犯愁时，他的助手罗森塔耳的夫人柯汉娜向他提议，可以采用中国古老的太极图阴阳鱼。柯汉娜是一位研究中国史的专家，对中国传统文化很了解。太极图是以黑白两个鱼形纹组成的圆形图案，它形象地表达了“阴阳互补、相反相成”是万物生成变化根源的哲理。玻尔听到柯汉娜的提议，不禁拍案叫绝！望着那黑白双鱼形纹图案，他的两眼闪闪发光，一种“心有灵犀一点通”的感觉油然而生。这正是他一直在寻找的东西啊！竟然是“踏破铁鞋无觅处，得来全不费工夫”。玻尔当即决定，采用它作为自己族徽的纹章。为了更醒目，他把黑白双鱼形的白鱼换成了红色，纹章上方的

玻尔为宝象勋章设计的族徽

拉丁文铭文“Contraria sunt complementa”，也是玻尔设计的，可译为“互斥又互补”，或者相反者相成也。

1957年，美国福特基金会设立了“原子为了和平”奖，以表彰为原子能的和平利用作出杰出贡献的个人或团体，玻尔当之无愧地成为第一个获奖的人。颁奖仪式于10月24日在华盛顿国家科学院大会堂举行，会议由科学院院长基里安主持，美国总统艾森豪威尔出席了颁奖仪式。在热烈的掌声中，玻尔从院长手中接过一枚金质奖章和一张7.5万元美金的支票。

基里安宣读的授奖词，对玻尔在探索原子结构方面的贡献，以及玻尔倡导的哥本哈根精神给予了很高的评价，并赞扬了玻尔致力于原子为了和平的努力。

授奖词的结尾说：“在您的公开言论中并通过您的国际接触，您曾在原子能对和平目的的利用方面尽了伟大的道义力量。在您的职业中，在您的教学中，在您的社会生活中，您已经证明科学的领域和人文的领域实际上是一个领域。在您的全部事业中，您在谦逊方面、在智慧方面、在人道方面、在知识的精深方面都做出了原子为了和平奖所愿意承认的典范。”

1957年玻尔获得的“原子为了和平”金奖章

回想起二战时向罗斯福和丘吉尔游说的情景，玻尔不禁百感交集。

此时的美国总统

艾森豪威尔也向玻尔表示了祝贺，称他为“一个伟大的人，他的心智曾探索了原子内部结构的秘密，而他的精神已经深入人心”。

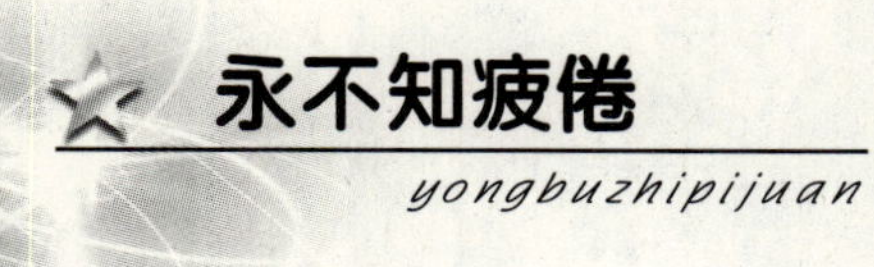

永不知疲倦

yongbuzhipijuan

玻尔一生的最后岁月，继续在为原子能的和平利用和国际合作奔走，他似乎永远不知道疲倦。

经过玻尔的多年努力和欧洲各国物理学家密切合作，1955 年“欧洲核研究中心”在日内瓦落成。也是在玻尔的积极推动下，丹麦建成了瑞索国立实验室，这是丹麦和平利用原子能的第一座反应堆。玻尔还担任了丹麦原子能特别委员会的主席。他先后访问了苏联、南斯拉夫、印度、以色列、意大利、德国等国家，并多次访问布鲁塞尔，出席每三年一届的索尔维会议。玻尔访问美国的次数最多，时间也最长，他曾在普林斯顿研究所作短期学术交流。

1955 年玻尔满 70 岁，到了丹麦大学教授的规定退休年龄，但他继续担任研究所的所长。在玻尔 70 岁生日时，研究所的同事们送给他一份特别生日礼物——70 大盒火柴。因为玻尔有个习惯，他抽烟斗时爱思考问题或与人进行长篇讨论，烟斗经常熄灭。这 70 盒凝聚了友情和幽默的火柴，足够给他救急用的了。第二年，玻尔的儿子、33 岁的奥格接替了他的教授职位。奥格是一位非常优秀的物理学家，三年前曾与丹麦学者莫特尔逊、美国物理学家雷恩瓦特合作，提出原子核结构的集体模型理论。20 年后，他们三人因此共同获得 1975 年诺贝尔物理学奖。

玻尔夫妇敞开嘉士伯荣誉府的大门，盛情接待来自世界各地的新老科学家朋友。一些到哥本哈根访问的国家元首，照例成了嘉士伯荣誉府的贵客，包括英国女王伊丽莎白二世、印度总理尼赫鲁、泰国王后诗丽吉，以及以色列总

玻尔夫妇和孙子、孙女们

理、日本皇太子等。还有许多慕名来拜访的人，玻尔尽管很忙也热情接待。有一件趣事，是年轻的杨振宁当年拜访玻尔。大约是1957年，杨振宁访问丹麦时来到哥本哈根，住在一家小旅馆里。他问旅馆的服务生玻尔住的地址，服务生告诉他不用打听，因为所有的出租车司机都知道。果然，杨振宁坐上出租车，只说“我去玻尔家”，司机就把他送到了嘉士伯荣誉府。

玻尔非常友好地接待了杨振宁。两人沿着荣誉府的走廊，一边走一边交谈，会见差不多一个多小时，估计他俩是用英语交谈的。

据中国科学院高能物理研究所吴水清先生的文章《尼尔斯·玻尔与中国学者的交往》，30多年以后，杨振宁到上海交通大学接受名誉教授，在大会上曾风趣地回忆这段往事。杨振宁说：“玻尔和我在走廊上来回走了一个多钟头。丹麦人讲话舌音很重，在中国人听来觉得丹麦人都是大舌头，尤其是玻尔。他爱抽烟，嘴里叼着烟斗，讲话更是听不清楚，所以，和他一个多钟头的谈话，我几乎没听懂一句话。”

但是，玻尔的热情大度却给杨振宁留下毕生难忘的印象。

随着岁月的流逝，玻尔的许多友人相继离开了人世。

1946年，他的童年朋友、曾在丹麦抵抗组织中担任领袖人物的契维兹逝世，玻尔为他撰写了动人的纪念文章。

1952年4月24日，他的第一个助手、杰出的荷兰物理学家克喇摩斯逝世，玻尔参加了在莱顿举行的追悼会，他深情地回顾了克喇摩斯的“哥本哈根岁月”。玻尔说：“我仍然记得那些闪光的青年时期，如此独特的创造性和精神的成熟完美地结合在一起……克喇摩斯在哥本哈根时期的最大成就，是他的色散理论。”

1958年12月14日，泡利在瑞士不幸患胰腺癌病故，享年58岁。泡利是玻尔最得意的学生和挚友，25岁时发现“不相容原理”，1945年因此获得诺贝尔物理学奖。他的去世令玻尔非常难过，玻尔和奥格飞往苏黎世，参加了泡利的葬礼。在玻尔的同事和学生中，唯有泡利既理解他的物理学理论，又理解他的哲学思想。物理学界流传着一个诙谐的笑话，说泡利死后，他的灵魂升入天国，上帝答应回答泡利一个问题，泡利说他很想知道为什么精细结构常数等于1/137。于是上帝就把证明写在纸上给泡利看，可是泡利瞟了一眼后却用德语说：“这是错的！”

玻尔和泡利在看陀螺旋转

爱因斯坦已于1955年逝世。

玻尔在悼念文章里写道：“对于全人类来说，爱因斯坦的逝世是一个巨大的损失，对于我们这些有幸享受到他那温暖的友情的人来说，现在竟再也不能看到他的亲切微笑，听不到他的言谈话语，这真是一种巨大的悲哀……通过爱因斯坦的工作，人类的视野已不可估量地拓展了，他赋予了我们一种世界图景，其统一性与和谐性超过了以往最大胆的梦想。”

1961年，玻尔为庆祝海森堡60寿辰的文集撰写了文章《量子力学的创立》,对这位学生对量子力学的贡献,玻尔是充分肯定的。在二战结束前夕,海森堡被美军俘虏，和其他德国科学家一起被关押在英国,1946年获释回到德国。海森堡战后继续担任威廉皇家学会会长,并任慕尼黑大学教授,社会活动相当活跃。晚年,海森堡的学术思想有较大变化,他对基本粒子如"夸克"概念不认同,进而转向研究统一场论。1958年他还和泡利合写了一篇关于"统一场论"的论文,不过没有发表。

尽管玻尔与爱因斯坦的世纪大论战,是玻尔派获得了全胜,但在最后,玻尔的两个最得意的学生、哥本哈根派的两员大将——海森堡和泡利,无意间都成了爱因斯坦"统一场论"的追随者,这是颇耐人寻味的。

也许爱因斯坦晚年追寻的不仅仅是个梦!

玻尔在有生之年一直未能回答这个问题。

1962年11月18日中午,77岁的玻尔因心脏衰竭溘然长逝。

那天是星期日,午饭之后玻尔上楼去睡午觉。没有多久,玻尔夫人听到他喊了一声"玛格丽特"。她急忙冲上楼去,只见玻尔躺在床边的地板上,已不省人事,待医生赶来,已经没有救了。玻尔患有高血压症,半年前他和玛格丽特去德国访问时,曾发生轻度脑溢血,后来治愈了。这是个危险信号,但没有引起他的重视。8月1日,玻尔夫妇还和全家人一起庆祝了50年的金婚纪念,几个儿子、媳妇和一大群可爱的孙子、孙女围在他俩身旁,快乐地唱着门德尔松的《婚礼进行曲》,尽享天伦之乐。

玻尔留下的最后声音,是有关量子力学史的采访录音带。采访者是著名历史学家库恩。就在玻尔去世前一天,刚录完第5盘录音带。

玻尔留下的最后笔迹,是在荣誉府书房黑板上画的一幅草图,这是他头一天晚上画给几个学者朋友看的，草图上方是两个交织在一起的平面——那是黎曼面上的一条曲线,表示一个图形可以有两种取向;草图下面是一个线描的

“爱因斯坦光匣”。意味深长的是，他身后留下的这两种符号，恰恰是玻尔“互补性思想”的开端和结尾。

玻尔百年诞辰发行的纪念邮票(玻尔夫妇)

玻尔被葬在哥本哈根阿希斯腾公墓的家庭墓地，在那里躺着他的父母、1951年去世的弟弟哈若德，还有他的儿子克瑞斯蒂安。玛格丽特1984年逝世后也葬在这里。

墓地上立着一个白石墓碑，是玻尔父亲生前立的。墓碑顶端有个橄榄枝花环，花环上面立着一只枭的雕塑。按照丹麦的风俗，枭为吉祥鸟，又称“智慧之鸟”。

在这座阿希斯腾公墓里，也安葬着安徒生的骨灰。用这位享誉世界的童话作家的一首诗来悼念玻尔，是最恰当不过的了。

吾生于丹麦，
吾家即在此；
此处有吾根，
吾之世界由此始。

附：

玻尔生平简历

1885 年　10 月 7 日，生于丹麦首都哥本哈根临河街 14 号阿德勒大厦。

1891 年　10 月，进入哥本哈根旧港中学读书。

1900 年　普朗克在研究黑体辐射时得到能量子的概念，量子物理学正式诞生。

1903 年　18 岁时中学毕业，升入哥本哈根大学，主修物理学，选修天文学、数学和化学。

1905 年　20 岁时课余研究水的表面张力问题。

1907 年　2 月 23 日，第一篇科学论文《为了测定水的表面张力而对液体的振动进行的研究》，获丹麦皇家科学院金质奖章。

1909 年　12 月 2 日，获硕士学位。

1911 年　5 月，以长篇论文《金属电子理论的研究》获哥本哈根大学哲学博士学位。

9 月，获嘉士伯基金会资助，赴剑桥大学卡文迪许实验室留学，投师汤姆逊教授门下，但受到冷遇。

1912 年　3 月，离开剑桥大学，赴曼彻斯特大学，师从卢瑟福。

6 月，开始注意原子结构问题。

7 月，撰写论文提纲呈给卢瑟福，后人称之为《卢瑟福备忘录》。

7 月底，离英回国。

8 月 1 日，与玛格丽特结婚。

9 月 1 日，开始在哥本哈根大学担任助教。

1913 年　任哥本哈根大学讲师。

7月、9月和11月，在英国《哲学杂志》上分三次发表了三篇论文，提出“玻尔原子模型”，奠定了他的原子结构理论的基础。这一划时代的著作被后人誉为“伟大的三部曲”。

1914年　应卢瑟福之聘，到曼彻斯特大学任讲师。

1916年　初夏回丹麦，担任哥本哈根大学新设的理论物理学教授。

1917年　32岁时当选为丹麦皇家科学院院士。

1918年　筹建哥本哈根大学理论物理研究所。

1920年　4月，应普朗克之邀访问柏林，第一次会见了爱因斯坦。

1921年　3月3日，哥本哈根大学理论物理研究所正式落成。此后，玻尔领导该所达40年，使该所成为世界上著名的学术中心和量子物理学的“圣地”。

1922年　6月，到德国哥廷根大学讲学。后人称这次访问为“玻尔节”，称玻尔的演讲为“玻尔的节日演出”。

在哥廷根玻尔见到了年轻的海森堡和泡利，邀请两人到哥本哈根工作。

12月10日，37岁的玻尔获得诺贝尔物理学奖。

1925年　6月，海森堡提出新量子力学。

1927年　9月，玻尔在意大利科莫会议上，提出了关于量子力学诠释的“互补性原理”。

10月，在布鲁塞尔第五届索尔维会议上，和爱因斯坦进行了第一次公开的学术辩论。

1930年　10月，爱因斯坦在第六届索尔维会议上提出了“爱因斯坦光匣”的假想实验。玻尔经过苦心冥想，进行了成功的反驳。

1931年　被授予终身住宅——嘉士伯荣誉府。

1932年　夏天，玻尔全家迁入嘉士伯荣誉府。

1933 年　希特勒在德国上台。玻尔等人在丹麦组织了“支援逃亡知识分子委员会”。

1935 年　5 月，爱因斯坦与两位合作者在美国《物理学评论》上发表论文，提出了“EPR 佯谬”。6 月，玻尔用相同的标题在相同的刊物上撰文答辩。10 月，研究所同仁募集 10 万丹麦克朗，购买了 600 毫克镭，作为向玻尔的生日献礼。

1936 年　提出原子核的“液滴模型”。

1937 年　1 月—6 月，偕夫人及次子汉斯进行环球旅行，访问了法国、美国、日本和中国。中国之行给玻尔留下了难忘的印象。

1939 年　54 岁时当选为丹麦皇家科学院院长。

1940 年　4 月，法西斯德国入侵了丹麦。

1941 年　坚决不与侵略势力妥协。秋季，海森堡到丹麦开会，期间会见了玻尔，两人因对时局和纳粹德国的看法有严重分歧，造成了一直未能消释的隔阂。

1943 年　德军在丹麦进行大逮捕。玻尔于夜间乘渔船逃往瑞典，之后去了英国，不久又去了美国。在美期间，他和儿子奥格参加了研制原子弹的“曼哈顿计划”。玻尔清醒地意识到战后的核军备竞赛有极大的危险，多次与英美首脑接触，呼吁他们及早作好控制原子武器的安排，但未获成功。

1945 年　8 月，回到丹麦，仍不遗余力地呼吁和平。

9 月，当选为丹麦皇家科学院院长，后来一直连任到 1962 年去世。

1947 年　10 月，为表彰玻尔在科学上的杰出贡献，丹麦国王授予玻尔“宝象勋章”。玻尔亲自设计了勋章的族徽，中心图案采用了中国的太极图，形象地表现了自己的“互补哲学”。

1950 年　发表了长篇的《致联合国的公开信》，呼吁世界和平，提倡国际合作，以建成一个“开放的世界”。

1957 年 获美国福特基金会第一届“原子为了和平”奖，美国总统艾森豪威尔向玻尔授奖。

1962 年 11 月 18 日，因心脏病猝发而逝世，享年 77 岁，葬于阿希斯腾公墓的家庭墓地。

为了纪念他，三年后哥本哈根大学理论物理研究所改名为“尼尔斯·玻尔理论物理研究所”。

图书在版编目（CIP）数据

玻尔 / 松鹰著. -- 太原：希望出版社，2012.6
（科学巨人的故事）
ISBN 978-7-5379-5759-5

Ⅰ. ①玻… Ⅱ. ①松… Ⅲ. ①玻尔，N.（1885~1962）-生平事迹-青年读物②玻尔，N.（1885~1962）-生平事迹-少年读物 Ⅳ. ①K835.346.11-49

中国版本图书馆 CIP 数据核字（2012）第 092289 号

科学巨人的故事
玻 尔
松 鹰 著

责任编辑 谢琛香
美术编辑 白 翎
复 审 武志娟
终 审 杨建云
装帧设计 柏学玲
责任印制 刘一新

出 版：山西出版传媒集团·希望出版社
地 址：太原市建设南路 21 号
开 本：720×1000 1/16
印 刷：太原市财苑印刷有限公司
印 张：9 180 千字
版 次：2012 年 8 月第 1 版
印 数：1-10000 册
印 次：2012 年 8 月第 1 次印刷
标准书号：ISBN 978-7-5379-5759-5
定 价：17.00 元

编辑热线 0351-4922124
发行热线 0351-4123120 4156603

联系电话：0351-4069645